Erasmo da Rotterdam

Elogio della Follia

ERASMO
DA ROTTERDAM

ELOGIO DELLA
FOLLIA

CON LE ILLUSTRAZIONI
ORIGINALI DI
HANS HOLBEIN
E LA PREFAZIONE DI
GERRY BRUNO

GENGOTTI EDITORE

Erasmo da Rotterdam
"ELOGIO DELLA FOLLIA - CON LE ILLLUSTRAZIONI ORIGINALI DI HANS HOLBEIN E LA PREFAZIONE DI GERRY BRUNO"
V 1.0.1 060121

Copyright 2021 Prefazione Gerry Bruno
Grafica di Franz G. Blattner
La caricatura a pagina 6 è di Emilio Isca
Copyright this edition 2020 Gengotti Editore Monza MB Italy

www.gengotti.it

ISBN 9788887381184

GENGOTTI EDITORE

Arduo compito da svolgere quello che tu vorresti assegnarmi caro Erasmo! E anche un po' fuori dalle mie corde, in quanto io nasco sì come ballerino ma finisco (si fa per dire...) come comico fisico, attraversando la rivista varietà dall'avanspettacolo sino alle regìe di Garinei & Giovannini. Non riesco ad andare avanti con la storia della mia vita e quella dei Brutos in quelle 200 cartelle ancora piene di errori grammaticali e/o temporali... figurarsi se sono in grado di scrivere una prefazione di un'opera che tratta un argomento con citazioni, autori e fonti tanto serie, seppur a volte folli, come quelle che ci lasciarono personaggi come te, Erasmo da Rotterdam, oppure Ippocrate, Democrito & Co. Magari, potrei scriverti un semplice *pamphlet* sulla pazzia dei Brutos, come quella di Gianni Zullo che nel corso della sua lunga militanza nel complesso, ebbe il coraggio di prendersi oltre 30.000 schiaffi sul collo e sulla faccia, pur di strappare una risata agli astanti nelle platee di tutto il mondo. Un folle. Oppure la mia follia: quella di aver indossato una singolare maschera (quella di mostrare un solo dente incisivo nella sua bocca enormemente spalancata cantando, malgrado ciò, senza stonare mai).
O quella di rinunciare, sempre per amore del palcoscenico, a costruire una famiglia, con tanto di mo-

glie e figli e oggi, vista la mia età, forse anche nipoti che avrebbero già gli anni che avevo io quando iniziai il mio lungo viaggio nei corridoi dello *show business*. O la follia, sempre per amore, come quella volta per amore di una donna: volare a rivedere -solo per una giornata- la tua amata dopo un viaggio transatlantico Boston-Milano-Boston per poi trovarla nell'alcova del tuo miglior amico... (ora ex migliore amico, ed ex amata). Sì, follia.

Ora si fa in fretta a catalogare follia ciò che in realtà erano solo episodi di vita che tutti, chi più chi meno, abbiamo commesso per amore, per denaro? per amicizia o solo per pura follia?

Chi lo può dire, se io sono ancora qui a scriverti questa che "forse", chissà, potrebbe proprio essere la prefazione della tua opera dedicata alla follia?

Gerry Bruno
Milano, gennaio 2021

ERASMO
DA ROTTERDAM

ELOGIO DELLA
FOLLIA

Da Erasmo da Rotterdam al suo Tommaso Moro

Alcuni giorni fa, tornando dall'Italia in Inghilterra, per non sprecare in chiacchiere banali il tempo che dovevo passare a cavallo, preferii riflettere un poco sui nostri studi comuni e godere del ricordo degli amici tanto dotti e cari, che avevo lasciato qui.

Fra i primi che mi sono tornati alla mente c'eri tu, Moro carissimo.

Anche da lontano il tuo ricordo aveva il medesimo fascino che esercitava, nella consueta intimità, la tua presenza che è stata, te lo giuro, la cosa più bella della mia vita.
Visto, dunque, che ritenevo di dover fare ad ogni costo qualco-

sa, e che il momento non sembrava adatto a una meditazione seria, mi venne in mente di tessere un elogio scherzoso della Follia.

"Ma quale capriccio di Pallade – ti chiederai – ti ha ispirato un'idea del genere?" In primo luogo, il tuo nome di famiglia, tanto vicino al termine morìa, quanto tu sei lontano dalla follia. E ne sei lontano a parere di tutti.

Immaginavo inoltre che la mia trovata scherzosa sarebbe piaciuta soprattutto a te, che di solito ti diletti in questo genere scherzi, non privi, mi sembra, di dottrina e di sale, perchè nella vita di tutti i giorni fai in qualche modo la parte di Democrito.
Sebbene, infatti, per singolare acume d'ingegno tu sia tanto lontano dal volgo, con la tua incredibile benevolenza e cordialità puoi trattare familiarmente con uomini d'ogni genere, traendone anche godimento.

Quindi, non solo accoglierai di buon grado questo mio modesto esercizio retorico, per ricordo del tuo amico, ma anche lo prenderai sotto la tua protezione; dedicato a te, non mi appartiene più: è tuo.

È probabile, infatti, che non mancheranno voci rissose di calunniatori ad accusare i miei scherzi, ora di una futilità sconveniente per un teologo, ora di un tono troppo pungente per la mansuetudine cristiana; e grideranno che prendo a modello la commedia antica e Luciano, mordendo tutto senza lasciare scampo. Vorrei però che quanti si sentono offesi dalla scherzosa levità del mio tema, si rendessero conto che non sono l'inventore del genere, e che già nel passato molti grandi autori hanno fatto lo stesso. Tanti secoli fa, Omero cantò per scherzo "la guerra dei topi con le rane", Virgilio la zanzara e la focaccia, Ovidio la noce. Policrate incorrendo nelle critiche di Ippocrate fece l'elogio di Busiride, Glaucone quello dell'ingiustizia, Favorino di Tersite, della febbre quartana, Sinesio della calvizie, Luciano della mosca e dell'arte del parassita. Sono scherzi l'apoteosi di Claudio scritta da Seneca, il dialogo fra Grillo e Ulisse di Plutarco, l'asino di Luciano e di Apuleio, e il testamento – di cui ignoro l'autore – del porcello Grunnio Corocotta menzionato anche da san Girolamo.

Lasciamo perciò che certa gente, se crede, vada fantasticando che, per svago, a volte, ho giocato a scacchi, o, se preferisce, che sono andato a cavallo di un lungo bastone. Certo, è una bella ingiustizia concedere a ogni genere di vita i suoi svaghi, e non consentirne proprio nessuno ai letterari, soprattutto poi quando gli scherzi portano a cose serie, e gli argomenti giocosi sono trattati in modo che un lettore non del tutto privo di senno può trarne maggior profitto che non da tante austere e pompose trattazioni.

Come quando con mucchi di parole si tessono le lodi della retorica o della filosofia, o si fa l'elogio di un principe, o si esorta a fare la guerra ai Turchi, mentre qualcuno predice il futuro, o va formulando questioncelle di lana caprina. In realtà, come niente è più frivolo che trattare in modo frivolo cose serie, così niente è più gradevole che trattare argomenti leggeri in modo da dare l'impressione di non avere affatto scherzato. Di me giudicheranno gli altri; eppure se la presunzione non mi accieca completamente, ho fatto sì l'elogio della Follia, ma non certo da folle. Quanto poi all'accusa di spirito mordace, rispondo che si è sempre concessa agli scrittori la libertà d'esercitare impunemente la satira sul comune comportamento degli uomini, purché non diventasse attacco rabbioso. Per questo mi meraviglia tanto di più la delicatezza delle orecchie d'oggi, che riescono a sopportare ormai solo titoli solenni. In taluni, anzi, trovi una religione così distorta che passano sopra alle più gravi offese a Cristo prima che alla minima battuta ironica sul conto di un pontefice o di un principe, soprattutto poi se
entrano in gioco i loro privati interessi. D'altra parte, uno che critica il modo di vivere degli uomini così da

evitare del tutto ogni accusa personale, si presenta come uno che morde, o non, piuttosto, come chi ammaestra ed educa? E, di grazia, non investo anche me stesso con tanti appellativi poco lusinghieri? Aggiungi che, chi non risparmia le sue critiche a nessun genere di uomini, dimostra di non avercela con nessun uomo, ma di detestare tutti i vizi. Se, dunque, ci sarà qualcuno che si lamenterà d'essere offeso, sarà segno di cattiva coscienza o per lo meno di paura. Satire di questo genere, e molto più libere e mordenti, troviamo in san Girolamo, che talvolta fece anche i nomi. Io non solo non ho mai fatto nomi, ma ho adottato un tono così misurato che qualunque lettore avveduto si renderà conto che mi sono proposto la piacevolezza piuttosto che l'offesa. né ho seguito l'esempio di Giovenale: non ho mai smosso l'oscuro fondo delle scelleratezze; ho cercato di colpire quanto è risibile piuttosto che le turpitudini. Se poi c'è ancora qualcuno che nemmeno così è contento, ricordi almeno questo: che è bello essere vituperati dalla Follia e che avendola introdotta a parlare, dovevo rimanere fedele al personaggio. Ma perché dire queste cose a te, avvocato così straordinario da difendere in modo egregio anche cause non egregie? Addio, eloquentissimo Moro, e difendi con zelo la tua Morìa.

Dalla campagna, 9 giugno 1508.

Elogio della Follia

Parla la Follia

1 Qualsiasi cosa dicano di me i mortali – non ignoro, infatti, quanto la Follia sia portata per bocca anche dai più folli – tuttavia, ecco qui la prova decisiva che io, io sola, dico, ho il dono di rallegrare gli Dèi e gli uomini.

Non appena mi sono presentata per parlare a questa affollatissima assemblea, di colpo tutti i volti si sono illuminati di non so quale insolita ilarità. D'improvviso le vostre fronti si sono spianate, e mi avete applaudito con una risata così lieta e amichevole che tutti voi qui presenti, da qualunque parte mi giri, mi sembrate ebbri del nettare misto a nepènte degli Dèi d'Omero, mentre prima sedevate cupi e ansiosi come se foste tornati allora dall'antro di Trofonio.

Appena mi avete notata, avete cambiato subito faccia, come di solito avviene quando il primo sole mostra alla terra il suo aureo splendore, o quando, dopo un crudo inverno, all'inizio della primavera, spirano i dolci venti di Favonio, e tutte le cose mutando di colpo aspetto assumono nuovi colori e tornano a vivere visibilmente un'altra giovinezza. Così col mio solo presentarmi sono riuscita a ottenere subito quello che oratori, peraltro insigni, ottengono a stento con lunga e lungamente meditata orazione.

2 Perché poi io sia venuta qui oggi, e vestita in modo così strano, lo saprete fra poco, purché non vi annoi porgere orecchio alle mie parole: non quell'orecchio, certo, che riservate agli oratori sacri, ma quello che porgete ai ciarlatani in piazza, ai buffoni, ai pazzerelli: quell'orecchio che il famoso Mida, un tempo, dedicò alle parole di Pan. Mi è venuta infatti voglia d'incarnare con voi per un po' il personaggio del sofista: non di quei sofisti, ben inteso, che oggi riempiono la testa dei ragazzi di capziose sciocchezze addestrandoli a risse verbali senza fine, degne di donne pettegole. Io imiterò quegli antichi che per evitare l'impopolare appellativo di sapienti, preferirono essere chiamati sofisti. Il loro proposito era di celebrare con encomi gli Dèi e gli eroi.

Ascolterete dunque un elogio, e non di Ercole o di Solone, ma il mio: *l'elogio della Follia*.

3 Certamente, io non faccio alcun conto di quei sapientoni che vanno blaterando dell'estrema dissennatezza e tracotanza di chi si loda da sé. Sia pure folle quanto vogliono; dovranno riconoscerne la coerenza. Che cosa c'è, infatti, di più coerente della Follia che canta le proprie lodi? Chi meglio di me potrebbe descrivermi? a meno che non si dia il caso che a qualcuno io sia più nota che a me stessa. D'altra parte io trovo questo sistema più modesto, e non di poco, di quello adottato dalla massa dei grandi e dei sapienti; costoro, di solito, per una falsa modestia, subornano qualche retore adulatore, o un poeta dedito al vaniloquio, e lo pagano per sentirlo cantare le proprie lodi, e cioè un sacco di bugie. Così il nostro fiore di pudicizia drizza le penne come un pavone, alza la cresta, mentre lo sfacciato adulatore lo va paragonando, lui che è un pover'uomo, agli Dèi, e lo propone quale modello assoluto di virtù, lui che da quel modello sa di essere lontanissimo. Insomma, veste la cornacchia con le penne altrui, fa diventare bianco l'Etiope, e di una mosca fa un elefante. Io invece seguo quel vecchio detto popolare secondo il quale, chi non trova un altro che lo lodi, fa bene a lodarsi da sé. Ora, tuttavia, devo esprimere la mia meraviglia per l'ingratitudine, o, come dire?, per l'indifferenza dei mortali. Tutti mi fanno la corte e riconoscono di buon grado i miei benefici, eppure, in tanti secoli, non si è trovato nessuno che desse voce alla gratitudine con un discorso in lode della Follia, mentre non è mancato chi con lodi elaborate ed acconce, e con grande spreco di olio e di sonno, ha tessuto l'elogio di Busiride, di Falaride, della febbre quartana, delle mosche, della calvizie, e di altri flagelli del genere.

4 Da me ascolterete un discorso estemporaneo e non elaborato, ma tanto più vero. Non vorrei però che lo riteneste composto per farvi vedere quanto sono brava, come usa il branco dei retori. Costoro, come sapete, di un'orazione su cui hanno sudato trenta lunghi anni – e qualche volta l'ha fatta un altro – giurano che l'hanno buttata giù, e magari dettata, in tre giorni, quasi per svago. A me, invece, è sempre piaciuto moltissimo dire tutto quello che mi salta in mente.

Nessuno, perciò, si aspetti da me che, secondo il costume di codesti oratori da strapazzo, definisca la mia essenza, e tanto meno che la distingua analizzandola. Sono infatti cose di malaugurio, sia porre dei confini a colei il cui potere è sconfinato, sia introdurre delle divisioni in lei, il cui culto è oggetto di così universale consenso. D'altra parte perché una definizione, che sarebbe quasi un'ombra e un'immagine, quando potete vedermi con i vostri occhi?

5 Sono come mi vedete, quell'autentica dispensatrice di beni che i Latini chiamano Stulticia e i Greci Morìa. Che bisogno c'era di dirvi tutto questo, come se il mio volto non bastasse, come dice la gente, a mostrare chi sono? come se, preten-

dendo qualcuno ch'io sia Minerva o Sofia, non bastasse a smentirlo il mio sguardo, che, senza bisogno di parole, è lo specchio più schietto dell'animo. Da me è lontano ogni trucco; non simulo in volto una cosa, mentre ne ho un'altra nel cuore. Sotto ogni rispetto sono a tal punto inconfondibile, che non possono tenermi nascosta nemmeno quelli che si arrogano la maschera e il titolo della Saggezza, e se ne vanno in giro come scimmie ammantate di porpora o come asini vestiti della pelle del leone. Eppure, per accorti che siano nel fingere, le orecchie di Mida, spuntando fuori da qualche parte, li tradiscono. Ingrati, per Ercole, sono anche quelli che, appartenendo in pieno alla mia parte, si vergognano a tal segno di fronte alla gente del mio nome, che lo attribuiscono genericamente agli altri come un grave insulto. Essendo in realtà costoro pazzi da legare proprio quando vogliono sembrare sapienti come Talete, potremo senz'altro chiamarli a buon diritto MORO-SOFI.

6 Anche in questo, infatti, intendo imitare i retori del nostro tempo, che si credono proprio degli Dèi se, a mo' delle sanguisughe, mostrano due lingue, e considerano una grande impresa inserire nel discorso latino, come in un intarsio, qualche paroletta greca, che magari era proprio fuori posto. Se poi fanno loro difetto termini esotici, tirano fuori da pergamene ammuffite quattro o cinque termini arcaici con cui rendere oscuro il testo al lettore. Così chi riesce a capire è più soddisfatto di sé, e chi non capisce ammira tanto di più quanto meno capisce. Tra gli eletti piaceri dei nostri contemporanei, infatti, c'è anche questo: esaltare tanto

di più una cosa, quanto più è straniera. I più ambiziosi ridono e applaudono e, come gli asini, muovono le orecchie, dando ad intendere agli altri di avere capito tutto. È proprio così. Ritorno all'argomento.

7 Il nome mio lo sapete, miei cari... Quale attributo aggiungerò? Quale, se non Arcifolli? Con quale altro più nobile appellativo potrebbe la dea Follia chiamare i suoi iniziati? Ma poiché non a molti sono ugualmente noti i miei maggiori, con l'aiuto delle Muse tenterò di parlarne.

Non il Caos, né l'Orco, né Saturno, né Giapeto, né alcun altro di questi Dèi decrepiti e fuori moda, fu mio padre, ma Pluto lui solo, [il dio della ricchezza], padre degli uomini e degli Dèi, con buona pace di Esiodo, di Omero e dello stesso Giove. Un suo cenno, ora come sempre, mette sottosopra cielo e terra. Il suo arbitrio decide della guerra e della pace, degli imperi, dei consigli, dei giudizi, dei comizi, dei matrimoni, dei trattati, delle alleanze, delle leggi, delle arti, delle cose scherzose e di quelle serie; da lui dipendono tutti gli affari pubblici e privati degli uomini. Senza il suo aiuto, tutta la folla degli Dèi, dei poeti, e, oserò dire, perfino le stesse divinità maggiori, o non esisterebbero, o vivacchierebbero alla meglio, di briciole. Chi incorre nella sua ira, neppu-

re Pallade potrebbe aiutarlo. Chi, invece, ne gode il favore, potrebbe trarre in catene lo stesso Giove col suo fulmine. Di tale padre io mi glorio. E questo padre non mi generò dal suo cervello, come Giove la fosca e crudele Pallade, ma dalla ninfa Neotete [la Giovinezza], di tutte la più graziosa e lieta. E non mi generò nell'uggioso vincolo del matrimonio – in cui nacque il famoso fabbro zoppo ma, ed è molto più dolce, in un amplesso d'amore, come dice il nostro Omero. né, a scanso d'equivoci, mi generò quel Pluto di Aristofane, già mezzo morto e già cieco, ma quello in pieno vigore, fervente di giovinezza, e non solo di giovinezza, ebbro soprattutto di schietto nettare che aveva generosamente bevuto al banchetto degli Dèi.

8 Se poi volete anche sapere dove sono nata, visto che oggi nel valutare il grado di nobiltà attribuiscono la massima importanza al luogo dove si sono messi fuori i primi vagiti: ebbene, io non sono nata nell'errante Delo, non tra i flutti del mare, non in grotte profonde, ma proprio nelle Isole Fortunate, dove tutto cresce senza seme né aratro. Là non esiste fatica, vecchiaia, malattie; nei campi non asfodeli, malva, squilla, lupini o fave, e simili piante da poco.

Da ogni parte ti accarezzano gli occhi e il naso moly, panacea, nepènte, maggiorana, ambrosia, loto, rose, viole, giacinti – i giardini d'Adone. Nata fra queste delizie, non ho cominciato la vita nel pianto; subito ho sorriso dolcemente a mia madre.

Al sommo figlio di Crono non invidio la capretta nutrice; ad allattarmi con le loro mammelle sono state due graziosissime ninfe, Mete l'Ebbrezza, figlia di Bacco, e Apedia l'Ignoranza, figlia di Pan. Le vedete qui con me, nel gruppo di tutte le altre mie compagne e seguaci, delle quali se, per Ercole, vorrete sapere i nomi, da me li sentirete solo in greco.

9 Quella che vedete con le sopracciglia inarcate è senz'altro Filautia; quella che sembra ridere con gli occhi, e che batte le mani, è Colacìa; quella mezza addormentata e vinta dal sonno si chiama Lete; quella appoggiata sui gomiti e con le mani intrecciate si chiama Misoponia; l'altra, cinta da un serto di rose, e tutta cosparsa di profumi, Hedonè; Anoia questa, dai mobili sguardi lascivi. Quella dalla pelle splendente e dal corpo rigoglioso si chiama Trufè. Tra le fanciulle potete vedere anche due Dèi: Como e Ipno, il dio del sonno profondo. Col fedele aiuto di questa mia corte io signoreggio su tutte le cose, e sono sovrana degli stessi sovrani.

10 Vi ho detto origine, educazione, compagni. Ora, perché a qualcuno non paia senza fondamento la mia pretesa al titolo di dea, drizzate le orecchie e ascoltate di quanta utilità io sia agli Dèi e agli uomini, e quanto si estenda il mio potere. Se, infatti, non senza saggezza qualcuno ha scritto che essere un dio proprio questo significa: giovare ai mortali; se a buon diritto sono stati accolti nel consesso degli Dèi coloro ai quali i mortali debbono il vino, il grano, e simili beni; perché io non dovrei a buon diritto essere ritenuta e proclamata l'alfa degli Dèi, dal momento che io, io sola, sono a tutti prodiga di tutto?

11 Innanzitutto, che cosa può esserci di più dolce e prezioso della vita? ma a chi, se non a me, riportarne la desiderata origine? Non l'asta di Pallade dal padre possente, né l'egida di Giove adunatore di nembi, generano e propagano la stirpe umana. Lo stesso padre degli Dèi e re degli uomini, al cui cenno trema l'Olimpo intero, quando vuol fare quello che poi fa sempre, e cioè generare dei figli, deve deporre quel suo famoso fulmine a tre punte, deve spogliarsi del titanico sembiante con cui spaventa a suo piacimento tutti gli Dèi, e, come un povero commediante qualsiasi, deve assumere la maschera di un altro personaggio. Quanto agli stoici che si credono così vicini agli Dèi, datemene uno che sia stoico magari tre o quattro

volte, o, se volete, stoico mille volte! Anche lui dovrà deporre, se non la barba che è l'insegna della
sapienza (comune, a dir il vero, con i caproni), certamente il suo sussiego. Dovrà spianare la fronte,
mettere da parte i suoi princìpi adamantini, e ab-
bandonarsi un poco a qualche leggerezza e follia.
Se vuole davvero diventare padre, insomma, anche
quel saggio deve chiamare me, proprio me.
E perché, dal momento che sto chiacchierando con
voi, non essere più esplicita, secondo il mio costume? È forse con la testa, col volto, col cuore, con la
mano, con l'orecchio (parti considerate
tutte oneste) che si generano gli Dèi e
gli uomini? No davvero! propagatrice
del genere umano è quella parte così
assurda e ridicola che non si può
neppure nominare senza ridere. Quello è il
sacro   fonte
a cui tutto
attinge   la
vita, quel-
lo e non la
tetrade pi-
tagorica.
E, ditemi,

quale uomo vorrebbe porgere il collo al capestro del matrimonio se prima, secondo la consuetudine di codesti saggi, ne considerasse gli svantaggi? Quale donna accosterebbe un uomo, se conoscesse e avesse in mente i pericolosi travagli del parto, e i fastidi di allevare i figli? Perciò se dovete la vita al matrimonio, e il matrimonio ad Anoia del mio seguito, comprenderete quello che dovete a me. D'altra parte quale donna dopo la prima esperienza vorrebbe riprovarci, se non ci fosse ad assisterla la presenza di Letes? Venere medesima, protesti pure Lucrezio, non negherebbe mai che senza l'aiuto della mia divinità la sua forza sarebbe insufficiente e inutile. Perciò è da quella nostra ebbrezza giocosa che sono nati i filosofi severi, a cui ora sono subentrati quelli che il volgo chiama monaci, e i re ammantati di porpora, i pii sacerdoti, i pontefici, tre volte santissimi. E infine anche tutto quel consesso degli Dèi dei poeti, così affollato che a stento può contenerlo l'Olimpo, pur vasto che sia.

12 Eppure sarebbe ben poco dovermi il seme e la fonte della vita, se non dimostrassi che quanto vi è di buono nella vita è anch'esso un mio dono. E che cos'è poi questa vita? e se le togli il piacere, si può ancora chiamarla vita? Avete applaudito! Lo sapevo bene, io, che nessuno di voi era così saggio, anzi così folle – no, è meglio dire saggio, da non andare d'accordo con me. Del resto neppure questi stoici disprezzano il piacere, anche se dissimulano con cura e se, di fronte alla gente, rovesciano sul piacere ingiurie sanguinose; in realtà solo per distogliere gli altri e goderne di più, loro stessi. Ditemi, per Giove, quale momento della vita non sarebbe triste, difficile, brutto, insipido, fastidioso, senza il piacere, e cioè senza un pizzico di follia? E di questo è degno testimone il non mai abbastanza lodato Sofocle con quelle sue splendide parole di elogio per me: "Dolcissima è la vita nella completa assenza di senno".

Ma è tempo di esaminare a parte tutta la questione.

13 E, tanto per cominciare, chi non sa che la prima età dell'uomo è per tutti di gran lunga la più lieta e gradevole? ma che cosa hanno i bambini per indurci a baciarli, ad abbracciarli, a vezzeggiarli tanto, sì che persino il nemico presta loro soccorso? Che cosa, se non la grazia che viene dalla mancanza di senno, quella grazia che la provvida natura s'industria d'infondere nei neonati perché con una sorta di piacevole compenso possano addolcire le fatiche di chi li alleva e conciliarsi la simpatia di chi deve proteggerli? E l'adolescenza che segue l'infanzia, quanto piace a tutti, quale sincero trasporto suscita, quali amorevoli cure riceve, con quanta bontà tutti le tendono una mano!

Ma di dove, di grazia, questa benevolenza per la gioventù? di dove, se non da me? È per merito mio che i giovani sono così privi di senno; è per questo che sono sempre di buon umore. Mentirei, tuttavia, se non ammettessi che appena sono un po' cresciuti, e con l'esperienza e l'educazione cominciano ad acquistare una certa maturità, subito sfiorisce la loro bellezza, s'illanguidisce la loro alacrità, s'inaridisce la loro attrattiva, vien meno il loro vigore.

Quanto più si allontanano da me, tanto meno vivono, finché non sopraggiunge la gravosa vecchiaia, la molesta vecchiaia, odiosa non solo agli altri, ma anche a se stessa. Nessuno dei mortali riuscirebbe a sopportarla se, ancora una volta, impietosita da tanto soffrire non venissi in aiuto io, e, a quel modo che gli Dèi della fiaba di solito soccorrono con qualche metamorfosi chi è sul punto di perire, anch'io, per quanto è possibile, non riportassi all'infanzia quanti sono prossimi alla tomba, onde il volgo, non senza fondamento, usa chiamarli rimbambiti. Se poi qualcuno vuol sapere come opero questa trasformazione, neppure su questo farò misteri.

Conduco i vecchi alla fonte della mia ninfa Lete, che sgorga nelle Isole Fortunate – il Lete che scorre agli Inferi è solo un esile ruscello. Lì, bevute a grandi sorsi le acque dell'oblio, un poco alla volta, dissipati gli affanni, torneranno bambini.

Ma delirano ormai, non ragionano più! Certo. È proprio questo che significa tornare fanciulli. Forse che essere fanciulli non significa delirare e non avere senno? e non è proprio questo, il non aver senno, che più piace di quella età?

Chi non vivrebbe come mostro un bambino con la saggezza di un uomo?

Lo conferma il diffuso proverbio: "Odio il bambino di precoce saggezza". E chi, d'altra parte, vorrebbe rapporti e legami di familiarità con un vecchio che alla lunga esperienza di vita unisse pari forza d'animo e acutezza di giudizio?

Così, per mio dono, il vecchio delira. E tuttavia questo mio vecchio delirante è libero dagli affanni che travagliano il saggio; quando si tratta di bere, è un allegro compagno; non avverte il tedio della vita, che l'età più vigorosa sopporta a fatica. Talvolta, come il vecchio di Plauto, torna alle tre famose lettere [AMO], che se fosse in senno ne sarebbe infelicissimo. Invece per merito mio è felice, simpatico agli amici, piacevole in compagnia. Del resto anche in Omero il discorso scorre dalla bocca di Nestore più dolce del miele, mentre amare sono le parole di Achille; e, sempre in Omero, i vecchi che se ne stanno seduti insieme sulle mura parlano con voce soave. In questo senso sono superiori alla stessa infanzia, che è sì deliziosa, ma non parla, e, priva della parola, manca del principale diletto della vita, che è quello di una schietta conversazione. Aggiungi che ai vecchi piacciono moltissimo i bambini, e altrettanto ai bambini i vecchi, "perché il dio spinge sempre il simile verso il simile". In che differiscono, infatti, se non nelle rughe e negli anni che nel vecchio sono di più? Per il resto, capelli sbiaditi, bocca sdentata, corporatura ridotta, desiderio di latte, balbuzie, garrulità, mancanza di senno, smemoratezza, irriflessione: in breve, sotto ogni altro aspetto si accordano. Quanto più invecchiano, tanto più somigliano ai bambini, finché, come bambini, senza il tedio della vita, senza il senso della morte, abbandonano la vita.

14 Paragoni ora chi vuole questo mio beneficio con le metamorfosi operate dagli altri Dèi. E non sto a ricordare quello che fanno quando li possiede l'ira; parlo di coloro che godono di tutta la loro benevolenza: li trasformano di solito in alberi, uccelli, cicale, e perfino in serpenti, come se il diventare altro non fosse proprio un morire. Io, invece, restituisco il medesimo uomo al periodo migliore della vita, al più felice. Se i mortali si guardassero da qualsiasi rapporto con la saggezza, e vivessero sempre sotto la mia insegna, la vecchiaia neppure ci sarebbe, e godrebbero felici di un'eterna giovinezza.

Non vi accorgete che gli uomini austeri, dediti a studi filosofici, o impegnati in faccende serie e difficili, in genere sono già vecchi prima di essere stati davvero giovani, e questo per le preoccupazioni e per il costante e teso dibattito mentale, che un po' alla volta esaurisce gli spiriti e la linfa vitale?

Al contrario, i miei bei matti sono tutti grassottelli, lustri, senza una ruga, proprio come quelli che chiamano porcelli d'Acarnania, immuni, per certo, da qualunque disturbo senile, a meno che non si trovino a subire in qualche misura il contagio dei saggi, come capita, poiché la vita non consente mai una completa felicità.

Valida testimonianza di tutto questo è il diffuso proverbio secondo cui solo la Follia è capace di prolungare la giovinezza, altrimenti fuggevolissima, e di tenere lontana la molesta vecchiaia. Sicché, non a torto, si è fatto l'elogio del detto popolare del Brabante: mentre altrove, di solito, l'età porta saggezza, qui più s'invecchia e più matti si diventa. Non c'è popolazione, infatti, più incline di questa a un giocondo abito di vita e meno portata ad avvertire la tristezza della vecchiaia.

Loro vicini, e dal punto di vista geografico e da quello del costume, sono i miei Olandesi – e perché, poi, non dovrei chiamarli miei, se mi sono così devoti da essersi meritato un soprannome [di folli] di cui non si vergognano per nulla, che anzi ne traggono il loro vanto principale?

Vadano pure gli stoltissimi mortali a cercare le Medee, le Circi, le Veneri, le Aurore, e non so quale fonte che restituisca loro la giovinezza, quando io sola posso, e sono solita farlo. Sono io che possiedo quel filtro miracoloso con cui la figlia di Memnone prolungò la giovinezza di Titone suo avo. Sono io quella Venere per la cui grazia Faone ringiovanì a tal segno da essere amato follemente da Saffo. Sono mie le erbe, se ve ne sono, miei gli incantesimi, la fonte che non solo risuscita la giovinezza svanita, ma, meglio ancora, la mantiene per sempre. Perciò, se siete tutti d'accordo su questo, che niente è meglio

della giovinezza, e niente più odioso della vecchiaia, vi rendete conto, io credo, di quello che dovete a
me, che, fugato un male tanto grande, conservo un
così grande bene.

15 Ma perché parlo ancora dei mortali? Passate in rassegna tutto il cielo, e possa chiunque infamare il mio nome se si tro-verà un solo Dio non privo di grazia e di pregio che non sia sotto la protezione del mio nume. Infatti, perché Bacco è sempre il chiomato efebo? proprio perché, pazzo ed ebbro, passa tutta la vita in convi-ti, balli, canti e giochi, e non ha proprio nulla a che fare con Pallade.

A tal punto rifugge dal desiderare la fama di sa-piente, da compiacersi di un culto fatto di beffe e di scherzi. né trova offensivo quel detto che gli at-tribuisce il soprannome di fatuo, e che suona: "più pazzo di Morico". E cambiarono il suo nome in Mo-rico perché i contadini, nella loro sfrenata allegria, erano soliti impiastricciare di mosto e di fichi fre-schi il suo simulacro, che lo ritraeva seduto alle so-glie del tempio.

D'altra parte, quali lazzi non scaglia contro di lui l'antica commedia? O Dio pazzo, dicono, degno parto d'una coscia! Ma chi non preferirebbe essere questo Dio fatuo e dissennato, sempre allegro, sempre giovane, sempre generoso di svaghi e di piaceri per tutti, piuttosto che quel tortuoso Giove, temuto da tutti, o Pan che tutto va devastando con i terrori che diffonde, o Vulcano avvolto di scintille e sempre nero del fumo della sua fucina, o Pallade medesima dallo sguardo sempre torvo, terribile con la Gorgone e la lancia? perché Cupido è, invece, sempre fanciullo? perché? se non per la sua leggerezza, per la sua incapacità di fare o pensare qualcosa di assennato. perché la bellezza dell'aurea Venere è sempre in fiore? perché è mia parente e conserva nell'aspetto il colore di mio padre.

Per questa ragione Omero la chiama "l'aurea Afrodite". Inoltre, stando ai poeti, o agli scultori loro emuli, ride sempre. E quale nume i Romani venerarono più di Flora, madre di tutti i piaceri? Se poi si andasse ad esaminare un po' meglio, attraverso Omero e gli altri poeti, la vita anche degli Dèi ritenuti più austeri, si scoprirebbe che tutto è pieno di follie. E perché poi ricordare le imprese degli altri, quando si conoscono così bene gli amori e i sollazzi dello stesso Giove tonante? Quando la fiera Diana, dimentica del sesso nella sua esclusiva passione per la caccia, muore tuttavia d'amore per Endimione?

Preferirei però che gli Dèi se le sentissero cantare da Momo, come una volta accadeva piuttosto spesso. Ma ora lo hanno scaraventato sulla terra con Ate perché le sue sagge critiche disturbavano la loro felicità. né alcun mortale si degna di offrirgli ospitalità; tanto meno poi c'è posto per lui alle corti dei prìncipi, dove però è sempre ospite d'onore la mia Colacìa, che va d'accordo con Momo come l'agnello coi lupi. Allontanato lui, gli Dèi folleggiano molto più liberamente e gradevolmente, e se la passano bene davvero, come dice Omero, senza che nessuno li critichi. Quali scherzi scurrili, infatti, non alimenta il Priapo di legno di fico? quali divertimenti non procura Mercurio con i suoi furti ed i suoi trucchi? Perfino Vulcano, al banchetto degli Dèi, si è abituato alla parte del buffone, facendo ridere il simposio ora con la sua andatura zoppicante, ora con i suoi frizzi, ora con le sue facezie. Anche Sileno, il vecchio mandrillo, uso a danzare il cordace, balla con Polifemo la TRETA-NELÒ [il ballo dei Ciclopi], mentre le Ninfe danzano a piedi nudi. I Satiri dal piede caprino rappresentano le atellane, e Pan fa ridere tutti con le sciocche cantilene che gli Dèi preferiscono al canto delle Muse, specialmente quando il vino comincia a farsi sentire. Ma perché raccontare ora ciò che fanno gli Dèi alla fine del banchetto dopo una buona bevuta? Follie tali che io stessa, per Ercole, non riesco a tenermi dal riderne.

A questo punto è meglio ricordare Arpocrate [il dio del silenzio]: che può succedere che qualche Dio di Corico sia in ascolto mentre narriamo fatti che neppure Momo ha potuto rivelare impunemente.

16 È tempo ormai di seguire l'esempio di Omero lasciando da parte gli Dèi e tornare sulla terra per vedere fino a qual punto gioia e fortuna vi si trovino solo per mio dono.

In primo luogo osservate con quanta previdenza la natura, madre e artefice del genere umano, ebbe cura di spargere dappertutto un pizzico di follia. Se, infatti, secondo la definizione stoica, la saggezza consiste solo nel farsi guidare dalla ragione, mentre, al contrario, la follia consiste nel farsi trascinare dalle passioni, perché la vita umana non fosse del tutto improntata a malinconica severità, Giove infuse nell'uomo molta più passione che ragione: press'a poco nella proporzione di mezz'oncia ad un

asse. Relegò inoltre la ragione in un angolino della testa lasciando il resto del corpo ai turbamenti delle passioni. Quindi, alla sola ragione contrappose due specie di violentissimi tiranni: l'ira, che occupa la rocca del petto e il cuore stesso che è la fonte della vita, e la concupiscenza che estende il suo dominio fino al basso ventre. Quanto valga la ragione contro queste due agguerrite avversarie ce lo dice a sufficienza la condotta abituale degli uomini: la ragione può solo protestare, e lo fa fino a perderci la voce, enunciando i princìpi morali; ma quelle, rivoltandosi alla loro regina, la subissano di grida odiose, finché lei, prostrata, cede spontaneamente dichiarandosi vinta.

17 Tuttavia, poiché l'uomo, nato per far fronte agli affari, doveva ricevere in dote un po' più di un'oncia di ragione, Giove, per provvedere debitamente, mi convocò perché lo consigliassi, come su tutto il resto, anche a questo proposito; e il mio pronto consiglio fu degno di me: affiancare all'uomo la donna, animale, sì, stolto e sciocco, ma deliziosamente spassoso, che nella convivenza addolcisce con un pizzico di follia la malinconica gravità del temperamento maschile.

Platone, infatti, quando sembra in dubbio circa la collocazione della donna, se fra gli animali razionali o fra i bruti, vuole solo sottolineare la straordinaria follia di questo sesso. E, se per caso una donna vuole passare per saggia, ottiene solo di essere due volte folle, come se uno volesse, contro ogni ragionevole proposito, portare un bue in palestra. Infatti raddoppia il suo difetto chi, distorcendo la propria natura, assume sembianza virtuosa. Come, secondo il proverbio greco, la scimmia è sempre una scimmia, anche se si ammanta di porpora, così la donna è sempre una donna, cioè folle, comunque si mascheri.

Non però così folle, voglio credere, da prendersela con me perché la giudico folle, io che sono folle, anzi la Follia in persona. Le donne, infatti, se ponderassero bene la questione, anche questo dovrebbero considerare come un dono della Follia: il fatto di essere, sotto molti aspetti, più fortunate degli uomini. In primo luogo hanno il dono della bellezza, che giustamente mettono al disopra di tutto, contando su di essa per tiranneggiare gli stessi tiranni. Quanto all'uomo, di dove gli viene l'aspetto rude, la pelle ruvida, la barba folta, e un certo che di senile, se non dalla maledizione del senno? Le donne, invece, con le guance sempre lisce, con la voce sempre sottile, con la pelle morbida, danno quasi l'impressione d'una eterna giovinezza. Ma che altro desiderano poi in questa vita, se non piacere agli uomini quanto più è possibile? Non mirano forse a questo, tante cure, belletti, bagni, acconciature, unguenti, profumi; tante arti volte ad abbellire, dipingere, truccare il volto, gli occhi, la pelle? C'è forse qualche altro motivo che le faccia apprezzare dagli uomini più della follia? Che cosa mai non concedono gli uomini alle donne? Ma in cambio di che, se non del piacere? E il diletto da nient'altro viene se non dalla loro follia. Che questo sia vero non si può negare solo che si pensi a tutte le scioc-

chezze che un uomo dice quando parla con una donna, a tutte le stupidaggini che fa ogni volta che si mette in testa di ottenerne i favori. Ecco da che fonte sgorga il primo e principale diletto della vita.

18 Ma ci sono uomini, specialmente tra i vecchi, che alla donna preferiscono il bere; per loro il sommo piacere sta nei simposi. Altri pensano che possa esservi un lauto banchetto senza donne; però una cosa è certa, che senza un pizzico di follia non può esservi banchetto ben riuscito. A tal punto che, se non c'è già qualcuno capace di far ridere con la sua follia, autentica o simulata, si chiama un buffone a pagamento, o un allegro parassita, che, con le sue comiche, ossia folli battute, dissipi il silenzio e la noia del simposio. A che scopo infatti riempirsi il ventre di tanti dolciumi, leccornie e ghiottonerie, se anche gli occhi, le orecchie e l'anima intera, non si nutrissero di risa, di scherzi, di facezie? ma cibi del genere posso ammannirli solo io. D'altra parte anche quei riti conviviali, come sorteggiare il re del convito, giocare ai dadi, invitare al brindisi, gareggiare intorno ad un tavolo a cantare e bere a turno, passarsi il mirto cantando, ballare, far pantomime, non sono stati inventati dai sette sapienti della Grecia ma da me, per la felicità dell'umana specie.

Tutte le cose di questo genere hanno un tratto comune: che quanto più partecipano della follia tanto più rallegrano la vita dei mortali, che, se fosse triste, neanche meriterebbe di essere chiamata vita. E triste risulterà senz'altro, se non le toglierai di dosso l'innato tedio con questo tipo di divertimenti.

19 Forse taluni trascureranno anche questo genere di piacere e saranno paghi dell'amore e della familiarità degli amici, affermando che l'amicizia vale più di tutto: l'amicizia, un bene non meno necessario dell'aria, del fuoco, dell'acqua; tanto soave che se togli l'amicizia togli il sole; infine tanto nobile – ammesso che la cosa ci riguardi – che gli stessi filosofi non esitano a ricordarla fra i beni fondamentali. Ma che succede se dimostro che anche di questo bene così grande sono io la poppa e la prora? Io lo dimostrerò non col sofisma del coccodrillo, non coi soliti cornuti o con altre simili dialettiche sottigliezze, ma alla buona, facendovi toccare la cosa con mano.

Orbene, chiudere gli occhi, ingannarsi, essere ciechi, illudersi a proposito dei difetti degli amici, amarne e apprezzarne come qualità alcuni dei vizi più evidenti, non è forse qualcosa di molto vicino alla follia? C'è chi bacia il neo dell'amica, chi trova incantevole il polipo di Agna; il padre dice del figlio strabico che ha il vezzo di ammiccare. Tutto questo, io domando, che è, se non pura follia? Ripetano a gran voce che è follia: eppure essa sola è capace di promuovere e cementare le amicizie. Parlo dei comuni mortali, nessuno dei quali nasce senza difetti: il migliore è chi ne ha meno; quanto poi a quei famosi saggi che hanno il piglio di Dèi, tra loro l'amicizia, o non nasce affatto, o è qualcosa di cupo e scostante, limitata poi a pochissimi (non oso dire che non include proprio nessuno), perché la maggior parte degli uomini ha un pizzico di follia, anzi non c'è nessuno che, in un modo o in un altro, non abbia le sue stranezze, e non c'è amicizia se non tra persone simili. Se, infatti, tra questi uomini austeri si desse una volta uno scambievole affetto, non sarebbe per nulla stabile e durerebbe ben poco, nascendo tra uomini difficili e più oculati del necessario, capaci di cogliere i difetti degli amici con l'occhio acuto dell'aquila e del serpente di Epidauro. Quando però si tratta dei loro difetti, come ci vedono poco! e come ignorano la parte della bisaccia che portano dietro le spalle! Perciò, dato che la natura dell'uomo è tale che nessuno è immune da gravi difetti (aggiungi la grande varietà di caratteri e di studi, le tante cadute, i tanti errori, i tanti casi della vita mortale), come potranno questi Arghi gustare anche solo per un'ora le gioie dell'amicizia se non interverrà quella che i Greci chiamano EUETHEIA, termine felice da tradursi con follia, o con indulgente semplicità? Del resto, non è forse del tutto cieco quel Cupido, che è artefice e padre di ogni legame? E come il brutto gli appare bello, così fa in modo che anche a ciascuno di voi sembri bello ciò che gli è toccato in sorte, che il vecchio ami la sua vecchia, e il ragazzo la sua ragazza. Sono cose che accadono a ogni piè sospinto e che muovono il riso; eppure sono proprio queste cose ridicole il fondamento di una società che vive con gioia.

20 Quanto si è detto dell'amicizia a maggior ragione vale per il matrimonio, che altro non è se non un legame per la vita tra singoli individui. Dio immortale, quanti divorzi, o fatti anche peggiori dei divorzi, non si avrebbero dappertutto, se la domestica convivenza del marito con la moglie non si rafforzasse nutrendosi di adulazioni, di scherzi, d'indulgenza, di errori, di dissimulazioni, tutte cose che appartengono al mio seguito. Quanti matrimoni ci sarebbero, se il fidanzato saggiamente s'informasse dei passatempi a cui già molto prima delle nozze si dedicava la sua verginella così delicata e pudica in apparenza. E, a celebrazione avvenuta, quanti ne durerebbero, se tante imprese delle mogli non rimanessero ignorate per la negligenza e la sciocchezza dei mariti! E anche questo, a buon diritto, è da attribuirsi alla Follia, a cui si deve se il marito ama la moglie e la moglie il marito, se in casa regna la pace, se il vincolo dura.

Si ride del cornuto, del cervo (e quanti altri nomi non gli si danno!), quando asciuga con i baci le lacrime dell'adultera. Ma quanto meglio lasciarsi ingannare così che rodersi di gelosia e volgere tutto in tragedia!

21 Insomma, senza di me nessuna società, nessun legame potrebbe durare felicemente. Il popolo si stancherebbe del principe, il servo del padrone, la serva della padrona, il maestro dello scolaro, l'amico dell'amico, la moglie del marito, il locatore del locatario, il compagno del compagno, l'ospite dell'ospite, se volta a volta non s'ingannassero a vicenda, ora adulandosi, ora facendo saggiamente finta di non vedere, ora lusingandosi col miele della Follia. So che queste vi sembrano enormità; ma ne sentirete di più belle.

22 Di grazia, chi odia se stesso come potrà amare qualcuno? chi è interiormente combattuto, potrà forse andare d'accordo con altri? potrà, chi è sgradito e molesto a se stesso, riuscire gradevole a un altro? Nessuno, credo, lo affermerebbe, se non fosse un pazzo più pazzo della Follia stessa. Pertanto, se non ci fossi più io, lungi dal sopportare il prossimo, ognuno, inviso a se stesso, proverebbe disgusto di sé e delle sue cose. La Natura, infatti, in molte cose matrigna piuttosto che madre, ha posto nell'animo dei mortali, soprattutto se appena più intelligenti, il seme di questo male: scontento di sé e ammirazione per gli altri. Di qui il venire meno e l'estinguersi di tutte quelle squisite doti che sono il profumo della vita. A che giova infatti la bellezza, il massimo dono degli Dèi immortali, se deve esser lasciata sfiorire? A che la giovinezza, se deve intristire per il veleno di senili malinconie? Infine, in tutti i casi della vita, come potrai agire in modo conveniente nei tuoi o negli altrui confronti (agire come conviene non è solo la prima regola dell'arte, ma di tutta la nostra condotta), se non ti sarà propizia Filautìa, che a buon diritto tengo in conto di sorella, tanto validamente mi presta il suo aiuto in ogni occasione? Se piaci a te stesso, se ti ammiri, questo è proprio il colmo della follia; ma d'altra parte, dispiacendo a te stesso, che cosa potresti fare di bello, di gradevole, di nobile? Togli alla vita l'amor proprio e subito la parola suonerà fredda sulle labbra dell'oratore, il musicista non piacerà a nessuno con le sue melodie, l'attore si farà fischiare con la sua mimica, il poeta e le sue muse saranno irrisi, sarà tenuto a vile il pittore con la sua arte, si ridurrà alla fame il medico con le sue medicine. Alla fine invece di Nireo sembrerai Tersite, invece di Faone, Nestore, invece di Minerva una scrofa, invece di un forbito oratore, uno che non balbetta neanche una parola; invece di un distinto cittadino, un rozzo contadino. Se vuoi poter essere raccomandato agli altri, devi proprio cominciare col raccomandarti a te stesso; devi essere il primo a lodarti, e non senza una punta di adulazione.

Infine, poiché la felicità consiste soprattutto nel voler essere ciò che si è, qui interviene col suo aiuto la mia Filautìa, facendo in modo che nessuno sia scontento del proprio aspetto, carattere, schiatta, posizione, educazione, Patria, tanto che né un irlandese si cambierebbe con un italiano, né un tracio con un ateniese, né uno scita con un abitante delle Isole Fortunate.

O singolare bontà della natura che in tanta varietà di cose, stabilì un regime di uguaglianza! Dove scarseggia coi suoi doni, là, è solita aggiungere una dose maggiore di amor proprio. Ma che sciocchezza ho detto! Proprio questo è il più grande dei suoi doni.

23 Ora dovrei aggiungere che nulla di grande si può intraprendere senza la mia spinta, perchè è a me che si deve l'invenzione di ogni nobile arte. Forse che non sia la guerra la fonte e il coronamento di ogni celebrata impresa? E che c'è di più pazzesco dell'impegnarsi, per non so quali cause, in un confronto da cui, immancabilmente, ognuna delle due parti trae più danno che guadagno?

Dei caduti, poi, neanche si parla, quasi fossero gente di Megara. Quando le schiere in armi si fronteggiano e le trombe intonano il loro rauco suono, a che servono, di grazia, i sapienti esauriti dagli studi, col loro sangue povero e privo di calore, e che a malapena tirano il fiato?

C'è bisogno di gente ben piantata; con moltissima audacia e pochissimo cervello. A meno che non si preferisca arruolare Demostene, tanto vile soldato quanto grande oratore, che, seguendo il consiglio d'Archiloco, appena vide il nemico fuggì abbandonando lo scudo.

La prudenza, obiettano, in guerra ha grandissimo peso. Lo riconosco; ma lo ha in chi comanda; e si tratta di prudenza militare, non filosofica; per il resto, l'impresa tanto egregia della guerra è affidata a parassiti, ruffiani, briganti, sicari, contadini, imbecilli, debitori e altri rifiuti del genere; non a filosofi da tavolino.

24 Della cui totale inutilità sul piano pratico è testimone lo stesso Socrate che l'oracolo d'Apollo giudicò – con poco senno, del resto – il solo sapiente: quando tentò d'impegnarsi in non so quale faccenda pubblica, fu costretto a ritirarsi fra il generale dileggio. Anche se del tutto sciocco non si dimostrò quando rifiutò il titolo di sapiente che attribuì solo a Dio, e quando sostenne che il saggio non deve occuparsi di politica; e meglio avrebbe fatto a consigliare di tenersi lontani dalla sapienza, se si vuol vivere da uomini.

D'altra parte, quando fu processato, che cosa se non la sapienza lo costrinse a bere la cicuta? Infatti mentre andava filosofando di idee e di nuvole, mentre misurava il salto delle pulci, mentre ammirava la

voce delle zanzare, non imparava nulla di ciò che riguarda la vita di tutti i giorni. In aiuto del maestro, sull'orlo di una condanna capitale, interviene il discepolo Platone, difensore così egregio che, turbato dal rumoreggiare della folla, a malapena riesce a pronunciare qualche frase smozzicata.

E che dire di Teofrasto? come avrebbe mai potuto animare i soldati in guerra, lui che, levatosi a parlare, ammutolì di colpo come se d'improvviso avesse visto un lupo? Isocrate, pavido per natura, non osò mai aprire bocca. Marco Tullio, il padre della romana eloquenza, abitualmente, preso da poco dignitoso tremore, esordiva balbettando, come un ragazzino.

Quintiliano vede in questo la prova dell'oratore di valore, che misura le difficoltà; ma non farebbe meglio a dire che la sapienza è un ostacolo a condurre in porto le faccende pratiche? Che faranno costoro quando si dovrà ricorrere alle armi, se si perdono d'animo così quando si combatte semplicemente a parole?

Nonostante questo, a Dio piacendo, si esalta il famoso detto di Platone, che fortunati saranno gli Stati se a reggerli saranno chiamati i filosofi, o se i reggitori si daranno alla filosofia. Se, invece, consulterai gli storici, troverai che il concentrarsi del potere nelle mani di un filosofastro o di un letterato è la peggiore sciagura che possa colpire uno Stato. E mi pare lo attestino bene i due Catoni: uno dei quali turbò la pace della repubblica romana con le sue pazze denunce; l'altro, mentre difendeva con un eccesso di saggezza la libertà del popolo romano, la mise del tutto a soqquadro. Aggiungi a questi i Bruti, i Cassi, i Gracchi, e Cicerone stesso, che allo stato romano fece tanto male quanto Demostene a quello ateniese. Quanto a Marco Antonio[1], ammesso che fosse un buon imperatore (potrei contestarlo, perché, dedito come era alla filosofia, per questa stessa fama si era fatto prendere a noia dai concittadini) ammesso tuttavia che lo fosse, certamente, lasciando dietro di sé il figlio che lasciò, danneggiò lo Stato più di quanto non gli avesse giovato col suo governo. Questa categoria, infatti, di uomini dediti allo studio della filosofia, di solito ha pochissima fortuna in ogni cosa, ma soprattutto nei figli che mette al mondo; penso sia la provvidenza della natura a volere impedire che questo malanno della filosofia si diffonda più largamente fra gli uomini. Così risulta che Cicerone ebbe un figlio degenere, e che Socrate, il famoso filosofo, ebbe figli, com'è stato scritto non del tutto a torto, "più simili alla madre che al padre", e cioè stolti.

25 Comunque, se fossero come asini davanti a una lira solo riguardo ai pubblici affari, ci si potrebbe passare sopra; il guaio è che sono altrettanto incapaci in ogni altra occasione della vita. Invita a pranzo un sapiente: disturberà col suo cupo silenzio, o con le sue noiose questioncelle. Invitalo alla danza: diresti che balla come un cammello. Portalo ad uno spettacolo: basterà la sua espressione a guastare il divertimento alla gente e, come il saggio Catone, sarà costretto a lasciare il teatro perché non può spianare il cipiglio. Se per caso capiterà durante una conversazione, sarà come il lupo della favola. Se c'è da fare un acquisto, un contratto, insomma qualcuna delle cose indispensabili alla vita di ogni giorno, questo sapiente ti sembrerà un pezzo di legno, non un uomo. A tal punto è incapace di rendersi utile a se stesso, alla patria, ai suoi, perché inesperto delle faccende usuali e perché tanto lontano dal giudizio corrente e dalle accettate consuetudini. Quindi, per forza, si fa anche odiare, per questa sua grande diversità di vita e di intendimenti. Tra i mortali, infatti, che cosa mai si fa che non trabocchi di follia, e che non sia opera di folli in un mondo di folli? Perciò, se qualcuno volesse opporsi da solo a tutti, io gli consiglierei di ritirarsi, come Timone, in un deserto, per godervi, da solo, la propria saggezza.

26 Ma, per tornare all'argomento proposto, quale forza, se non l'adulazione, raggruppò nella città quegli uomini primitivi, simili ai sassi e alle querce?

Questo solo vuole indicare la famosa cetra di Anfione e di Orfeo. Cosa mai riportò alla concordia cittadina la plebe romana che già stava per spingersi ad atti irreparabili?

Forse un discorso filosofico? Nemmeno per sogno! Al contrario, fu il ridicolo e puerile apologo del ventre e delle altre membra.

Altrettanto si dica dell'analogo apologo di Temistocle, della volpe e del riccio.

E quale discorso di un sapiente avrebbe potuto raggiungere l'efficacia della famosa cerva immaginata da Sertorio, o della trovata dei due cani, dello spartano Licurgo, o dell'altra ridicola storia, sempre di Sertorio, sul modo di strappare i peli dalla coda del cavallo? Per non parlare di Minosse e di Numa: entrambi governarono la stolta moltitudine con invenzioni favolose.

È con simili sciocchezze che si fa presa su quella grossa e potente bestia che è il popolo.

27 Viceversa, quale città ha mai fatto sue le leggi di Platone e di Aristotele, o i precetti di Socrate? Che cosa persuase i Deci a votarsi spontaneamente agli Dèi Mani? Che cosa trascinò nella voragine Quinto Curzio, se non la vanagloria, dolcissima sirena (ma quanto esecrata dai sapienti!). Che c'è infatti di più sciocco, dicono, di un candidato che lusinga il popolo in tono supplichevole, che compra i voti, che va in cerca degli applausi di tanti stolti, che si compiace delle acclamazioni, che si fa portare in giro in trionfo, come una statua da mostrare al popolo, che fa collocare nel foro il proprio simulacro di bronzo?

Aggiungi la sfilza dei nomi e dei soprannomi, gli onori divini tributati a un uomo insignificante, il fatto che si dà il caso di tiranni scelleratissimi elevati con pubbliche cerimonie alla gloria dell'Olimpo. Sono autentiche manifestazioni di follia, e per riderci sopra non basterebbe un solo Democrito. Chi lo nega?

Tuttavia, proprio di qui sono nate le grandi imprese degli eroi, levate al cielo dall'opera di tanti letterati. Questa follia genera le città; su di essa poggiano i governi, le magistrature, la religione, le assemblee, i tribunali.

La vita umana non è altro che un gioco della Follia.

28 Quanto poi alle arti, cosa mai se non la sete di gloria ha suscitato nell'animo umano la brama d'inventare e tramandare ai posteri tante discipline ritenute nobili? Furono uomini davvero stoltissimi quelli che hanno creduto valesse la pena di conquistare a prezzo di tante faticose veglie quella fama di cui niente può essere più vano. Ma intanto voi dovete alla Follia tante cose e così egregie della vita, e, ciò che soprattutto conta, la follia altrui fa la vostra cuccagna.

29 C'è, ora, qualcosa di cui stupirsi se, dopo essermi attribuita la fortezza e l'operosità, rivendicherò anche la saggezza? qualcuno potrebbe dire che è come accoppiare l'acqua e il fuoco. Eppure credo che riuscirò anche in questo purché voi, come prima, mi prestiate benevola attenzione. In primo luogo, se la saggezza si fonda sull'esperienza, a chi meglio conviene fregiarsi dell'appellativo di saggio?

Al sapiente che, parte per modestia, parte per timidezza, nulla intraprende, o al folle che né il pudore, di cui è privo, né il pericolo, che non misura, distolgono da qualche cosa? Il sapiente si rifugia nei libri degli antichi e ne trae solo sottigliezze verbali.

Il folle affronta da vicino le situazioni coi relativi rischi e così acquista, se non erro, la saggezza. Cosa, questa, che sembra avere visto, benché cieco, Omero, quando dice: "Il folle capisce i fatti". Sono due infatti i principali ostacoli alla conoscenza delle cose: la vergogna che offusca l'animo, e la paura che, alla vista del pericolo, distoglie dalle imprese. La follia libera da entrambe.

Non vergognarsi mai e osare tutto: pochissimi sanno quale messi di vantaggi ne derivi.

Perché, se preferiscono attingere quella sapienza che consiste nel saper giudicare delle cose, state a sentire, vi prego, quanto ne sono lontani coloro che si spacciano per sapienti. In primo luogo, com'è noto, tutte le cose umane, a guisa dei Sileni di Alcibiade, hanno due facce affatto diverse.

A tal segno che sulla faccia esteriore, come dicono, vedi la morte, mentre, se guardi dentro, scopri la vita; e, viceversa, al posto della vita scopri la morte, al posto del bello il brutto, della ricchezza la miseria, dell'infamia la gloria, della dottrina l'ignoranza, del vigore la debolezza, della generosità l'abiezione, della letizia la malinconia, della prosperità la sventura, dell'amicizia l'inimicizia, del salutare il nocivo: in breve, se apri il Sileno, trovi di tutte le cose l'opposto. Se poi qualcuno giudica troppo filosofico questo discorso, mi spiegherò, come suol dirsi, più alla buona.

Chi negherà che un re è ricco e potente? Eppure, se manca del tutto dei beni dell'animo, se non è mai contento di nulla, è davvero il più povero di tutti. Se poi il suo animo è una sentina di vizi, è addirittura uno schiavo abietto. Lo stesso ragionamento si potrebbe fare anche per gli altri. Ma accontentiamoci dell'esempio proposto. A che scopo? domanderà qualcuno. State a sentire dove voglio arrivare.

Se uno tentasse di strappare la maschera agli attori che sulla scena rappresentano un dramma, mostrando agli spettatori la loro autentica faccia, forse che costui non rovinerebbe lo spettacolo meritan-

do di esser preso da tutti a sassate e cacciato dal teatro come un forsennato? Di colpo tutto muterebbe aspetto: al posto di una donna un uomo; al posto di un giovane, un vecchio; chi prima era un re, d'improvviso diventa uno schiavo; chi era un Dio, ad un tratto appare un uomo da nulla.

Dissipare l'illusione significa togliere senso all'intero dramma.

A tenere avvinti gli sguardi degli spettatori è proprio la finzione, il trucco. L'intera vita umana non è altro che uno spettacolo in cui, chi con una maschera, chi con un'altra, ognuno recita la propria parte finché, ad un cenno del capocomico, abbandona la scena.

Costui, tuttavia, spesso lo fa recitare in parti diverse, in modo che chi prima si presentava come un re ammantato di porpora, compare poi nei cenci di un povero schiavo.

Certo, sono tutte cose immaginarie; ma la commedia umana non consente altro svolgimento.

A questo punto, se un sapiente caduto dal cielo si levasse d'improvviso a gridare che il personaggio a cui tutti guardano come a un Dio e a un potente, non è neppure un uomo, perché come le bestie si lascia dominare dalle passioni, che spontaneamente asservito a padroni così numerosi e turpi, è l'ultimo degli schiavi; e, se ad un altro che piange il padre morto ordinasse di ridere perché il padre, finalmente, ha cominciato a vivere, dato che questa vita altro non è che morte; e se chiamasse plebeo e bastardo un terzo che mena vanto di una nobile nascita, ma che è ben lontano dalla virtù, unica fonte di nobiltà: se allo stesso modo parlasse di tutti gli altri, non agirebbe costui proprio in modo da sembrare a tutti pazzo da legare?

Nulla di più stolto di una saggezza intempestiva; nulla di più fuori posto del buon senso alla rovescia. Agisce appunto contro il buon senso chi non sa adattarsi al presente, chi non adotta gli usi correnti, e dimentica persino la regola conviviale: o bevi o te ne vai, e vorrebbe che una commedia non fosse più una commedia.

Invece, per un mortale, è vera saggezza non voler essere più saggio di quanto gli sia concesso in sorte, fare buon viso all'andazzo generale e partecipare di buon grado alle umane debolezze.

Ma, dicono, proprio questo è follia. Non lo contesterò, purché riconoscano in cambio che questo è recitare la commedia della vita.

30 Quanto al resto, Dèi immortali, parlerò o tacerò? E perché mai dovrei tacere cose più vere della verità? Ma forse, in così grave frangente, meglio sarebbe chiamare in aiuto dall'Elicona le Muse che i poeti sono soliti invocare anche troppo spesso per vere sciocchezze.

Assistetemi dunque per un poco, figlie di Giove, finché non dimostri che nessuno senza la guida della follia può accedere alla sapienza, a quella che chiamano la rocca della felicità.

In primo luogo, è pacifico che tutte le passioni rientrano nella sfera della follia: ciò che distingue il savio dal pazzo è che questi si fa guidare dalle passioni, mentre il primo ha per guida la ragione. Perciò gli stoici spogliano il sapiente di tutte le passioni come fossero delle malattie.

Tuttavia questi elementi emotivi, non solo assolvono la funzione di guide per chi si affretta verso il porto della sapienza, ma nell'esercizio della virtù vengono sempre in aiuto spronando e stimolando, come forze che esortano al bene.

Anche se qui fieramente leva la sua protesta Seneca, col suo stoicismo integrale, negando al sapiente ogni passione. Ma così facendo distrugge anche l'uomo e crea al suo posto un Dio di nuovo genere, che non è mai esistito e non esisterà mai; anzi, per parlare ancora più chiaro, scolpisce la statua di un uomo di marmo, privo d'intelligenza e di qualunque sentimento umano. Perciò, se lo desiderano, si godano pure il loro saggio, che potranno amare senza rivali, e dimorino con lui nella Repubblica di Platone, o, se preferiscono, nel mondo delle idee, o nei giardini di Tantalo.

Chi, infatti, non sfuggirà con orrore come spettro mostruoso un uomo così fatto, sordo ad ogni naturale richiamo, incapace d'amore o di pietà, come "una dura selce o una rupe Marpesia"? Un uomo cui non sfugge nulla, che non sbaglia mai, ma che con l'occhio acuto di Linceo tutto vede, tutto pesa con assoluta precisione, nulla perdona; solo di sé contento, lui solo ricco, lui solo sano, lui solo re, lui solo libero. Per dirla in breve, lui solo tutto (e solo a suo giudizio); senza amici, pronto a mandare all'inferno gli stessi Dèi, e che condanna come insensato e risibile tutto ciò

che si fa nella vita. Eppure quel perfetto sapiente è proprio un animale fatto così. Ma, di grazia, se si dovesse decidere con i voti, quale città lo vorrebbe come magistrato, quale esercito lo designerebbe come capo?

Quale donna vorrebbe o sopporterebbe un simile marito, quale anfitrione un simile convitato, quale servo un padrone con questi costumi?

Chi non preferirebbe un uomo qualunque, uno della folla dei pazzi più segnalati, che, pazzo com'è, possa comandare o obbedire ad altri pazzi, attirando la simpatia dei suoi simili, che poi sono tanti? Gentile con la moglie, gradito agli amici, buon commensale; uno con cui si possa convivere, che, infine, non ritenga estraneo a sé niente di ciò che è umano? Ma ormai del sapiente ne ho abbastanza. Perciò torniamo a parlare degli altri vantaggi che offro.

31 Supponiamo che potendo spaziare da una specola sublime con lo sguardo tutt'attorno – come, secondo i poeti, fa Giove – uno veda quante avversità minaccino la vita, quanto infelice e miserabile sia la nascita, quanto faticosa l'educazione, e tutte le offese cui va incontro la fanciullezza, tutti gli affanni della gioventù, e com'è pesante la vecchiaia, come amara la fatale morte; tutta la schiera delle malattie, dei vari accidenti, l'incalzare delle contrarietà: nulla mai che sia immune da un amaro veleno; per non dire di quei mali che l'uomo subisce dall'uomo, come la povertà, la prigionia, l'infamia, la vergogna, la tortura, le insidie, il tradimento, le ingiurie, i processi, le frodi. Ma dire tutto è come mettersi a contare i granelli di sabbia. Certo non spetta a me, dire qui per quali colpe gli uomini abbiano meritato questa sorte, o quale Dio irato li abbia costretti a nascere tanto infelici. Chi rifletta a tutto questo non sarà forse portato ad approvare l'esempio, pur così penoso, delle vergini di Mileto?

E quali sono soprattutto gli uomini che, per disgusto della vita, si sono dati la morte? Non sono forse quelli che alla sapienza si erano accostati di più? Tralasciando Diogene, Senocrate, i Catoni, i Cassi, i Bruti, prendiamo il famoso Chirone che, potendo

diventare immortale, preferì cercare spontaneamente la morte. Credo vi sia chiaro che cosa acca-
drebbe se la sapienza si diffondesse; sarebbe necessario altro fango e un secondo
Prometeo capace di plasmare altri uomini. Io, invece, puntando ora sull'ignoranza e ora sulla spen-
sieratezza, a volte facendo dimenticare i malanni, a

volte suscitando speranze di cose favorevoli, esaltando i piaceri con qualche stilla di miele, in così grandi malanni, sono così soccorrevole che nessuno vuole lasciare la vita, neppure quando il filo delle Parche è già esaurito e la vita stessa viene meno. Anzi chi ha minori motivi di restare in vita, tanto più ama vivere, tanto è lontano dall'essere comun-

que sfiorato dal tedio della vita.

Si deve certo a me, se si vedono in giro tanti vecchi annosi quanto Nestore, vecchi che non hanno più neppure volto d'uomo, balbuzienti, svaniti, sdentati, canuti, calvi, o, per dirla con Aristofane, lerci, curvi, miseri, rugosi, senza capelli, senza denti, lascivi, ma a tal segno amanti della vita e tanto inclini a fare i giovinetti, che ora si tingono i capelli, ora nascondono la calvizie con una parrucca e ora si servono di denti presi a prestito magari da un porco; mentre c'è tra loro chi si strugge d'amore per una fanciulla e, in fatto di amorose sciocchezze, dà punti anche a un ragazzino. Che vecchi rammolliti, già pronti per il cataletto, sposino giovinette, anche se prive di dote e destinate a fare la gioia di altri, è cosa ormai così frequente da costituire quasi motivo di vanto.

Ma nulla c'è di più spassoso di certe vecchie praticamente già morte tanto sono decrepite, a tal punto cadaveriche da sembrare reduci dagl'inferi, ma che hanno sempre sulle labbra il ritornello: "la vita è bella"; fanno ancora le vezzose; mandano sentore di capra – come dicono i Greci; conquistano a caro prezzo un qualche Faone, s'imbellettano di continuo, stanno sempre allo specchio, si sfoltiscono i peli del pube, ostentano le vecchie mammelle avvizzite, sollecitano con tremuli mugolii il desiderio che vien meno, bevono, si inseriscono nelle danze delle fanciulle, scrivono bigliettini amorosi. Sono cose di cui tutti ridono come di indubbie follie; ed hanno ragione: ma loro, le vecchie, sono tanto contente di sé, nuotano in un mare di delizie, gustano dolcezze senza fine, sono felici: e tutto per merito

mio. Vorrei che chi giudica queste cose degne d'irrisione riflettesse un po': è meglio trascorrere nella follia una vita colma di dolcezza, o andare cercando, come suol dirsi, una trave a cui impiccarsi?

Che la loro condotta sia giudicata comunemente vergognosa, ai miei pazzi non importa proprio nulla: nemmeno se ne accorgono, o, se ne hanno sentore, non ne tengono nessun conto.

Prendersi un sasso in testa, questo sì che fa male. La vergogna, l'infamia, il disonore, le offese, nuocciono nella misura in cui fanno soffrire.

Per chi non se la prende, non sono neppure un male. Che t'importa se tutti ti fischiano, se tu ti applaudi? Che questo ti sia possibile lo devi alla sola Follia.

32 Mi pare di sentire protestare i filosofi: l'infelicità, dicono, è proprio qui, nell'essere prigionieri della Follia, sbagliare, vivere nell'inganno, nell'ignoranza. Ma essere uomo è appunto questo. né riesco a capire perché parlino d'infelicità: così siete nati, educati, formati: questa è la sorte comune a tutti. Nessuno è infelice quand'è in armonia con la propria natura, a meno di compiangere l'uomo perché non può volare con gli uccelli, né camminare a quattro zampe con gli altri mammiferi, o perché, a differenza dei tori, non è armato di corna. Da tal punto di vista chiameremo infelice anche un bellissimo cavallo perché non sa di grammatica e non mangia dolciumi, infelice il toro in quanto negato agli esercizi della palestra. In realtà, come non è infelice il cavallo che ignora la grammatica, così non è infelice l'uomo per la sua follia, che è conforme alla sua natura.

Ma ecco che quegli esperti del ragionamento tortuoso tornano alla carica. È dono peculiare dell'uomo, dicono, la conoscenza scientifica, di cui si serve per compensare con l'ingegno ciò che la natura gli ha negato.

Come se fosse verosimile che la natura, così sollecita nei confronti delle zanzare e perfino delle erbette e dei fiorellini, avesse tirato via solo nella creazione dell'uomo, rendendogli necessarie quelle scienze che Theuth, col suo genio ostile al genere umano, inventò per nostra somma iattura: tanto inadatte a renderci felici che anzi contrastano col loro presunto fine, come con eleganza sostiene in Platone un re molto saggio a proposito dell'invenzione dell'alfabeto.

Le scienze dunque sono penetrate fra gli uomini, insieme alle altre calamità della vita mortale, per opera di coloro da cui partono tutti i malanni, i demoni che ne hanno anche derivato il nome, in greco DAEMONES, ossia "coloro che sanno".

La gente semplice dell'età dell'oro, del tutto priva di dottrina, viveva sotto l'unica guida della natura e dell'istinto.

Che bisogno c'era della grammatica, quando tutti parlavano la stessa lingua e niente altro si chiedeva se non di capirsi l'un l'altro?

A che la dialettica, se non c'era contrasto di opposte posizioni?

A che la retorica, se nessuno intentava cause al prossimo?

E che bisogno c'era della giurisprudenza, se non c'erano quei cattivi costumi che, senza dubbio, hanno fatto nascere le buone leggi? Erano troppo religiosi per scrutare con empia curiosità i misteri della na-

tura, la grandezza, i moti, gl'influssi delle stelle, le cause riposte delle cose, giudicando vietato ai mortali il tentativo di conoscere più di quanto era loro concesso.

Lo stolto desiderio di andare a cercare cosa ci fosse di là dal cielo non passava neppure per la mente. Col graduale esaurirsi dell'età dell'oro, dapprima, come ho detto, dai demoni del male furono inventate le scienze, ma poche, e limitate a pochi. Poi, i Caldei con la loro superstizione, e quei perdigiorno dei Greci coi loro interessi svagati, moltiplicarono a dismisura queste autentiche torture della mente. Con la sola grammatica ce ne sarebbe già di troppo per il tormento di una vita intera.

33 Tuttavia tra queste scienze le più pregiate sono le più vicine al senso comune, cioè alla Follia. I teologi fanno la fame, i fisici soffrono il freddo, gli astrologi sono derisi, i dialettici non contano nulla, mentre un solo medico vale quanto molti uomini.

In questa professione quanto più uno è ignorante, avventato, leggero, tanto più è considerato dagli stessi prìncipi con tanto di corona in testa. La medicina, infatti, specialmente come viene esercitata oggi dai più, si riduce, come la retorica, a una forma di adulazione.

Il secondo posto, con un brevissimo stacco, spetta ai legulei – e starei per dire il primo; la loro professione, per non esprimere pareri personali, è irrisa per lo più dai filosofi, fra il generale consenso, come un'arte da asini. Tuttavia gli affari, dai più grandi ai

Pag. 10.

più piccoli, sono a discrezione di questi asini. I loro latifondi si estendono, mentre il teologo, dopo essersi documentato su tutti gli aspetti della divinità, rosicchia lupini, impegnato in una guerra continua con cimici e pidocchi.

Ma, se le arti più fortunate sono quelle più affini alla Follia, più fortunati fra tutti sono coloro che riescono a tenersi lontani da qualunque disciplina per seguire la sola guida della natura che in nessuna parte è manchevole, a meno che non pretendiamo di oltrepassare i confini della nostra sorte mortale. La natura odia gli artifici: fortunato chi è rimasto immune dalla contaminazione delle arti.

34 Orsù, non vedete che fra le varie specie animali se la passano meglio di tutte proprio le più lontane dalle arti, quelle che hanno per unica maestra e guida la natura? che c'è di più felice o mirabile delle api?

E dire che non hanno neppure tutti i sensi. Come potrebbe un architetto realizzare qualcosa di simile alle loro costruzioni? quale filosofo mai fondò una Repubblica come la loro? Il cavallo, invece, poiché è simile all'uomo dal punto di vista dei sensi ed è diventato suo compagno, è anche partecipe delle umane calamità. Non di rado, vergognandosi di perdere in gara, si sfianca nella corsa; in guerra, assetato di vittoria, viene colpito e morde la polvere insieme al cavaliere.

Per non parlare del morso, degli sproni aguzzi, della stalla dove è quasi prigioniero, del frustino, del bastone, delle redini, del cavaliere, per dirla in breve, di tutta la tragica schiavitù a cui si è votato spontaneamente nel tentativo di vendicarsi a ogni costo del nemico emulando gli eroi. Quanto più invidiabile la condizione delle mosche e degli uccellini, che vivono alla giornata obbedendo solo al naturale istinto, sempre che lo consentano le insidie degli uomini! Gli uccelli, infatti, chiusi in gabbia e ammaestrati a imitare la voce umana, quanto si allontanano dal primitivo splendore! A tal segno, sotto tutti i rispetti, il prodotto di natura è migliore di quello che l'arte ha adulterato.

Perciò non loderò mai abbastanza il gallo in cui si reincarnò Pitagora che, essendo stato tutto, filosofo, uomo, donna, re, principe, privato cittadino, pesce, cavallo, rana e, credo, anche spugna, nessun animale, tuttavia, giudicò più disgraziato dell'uomo, perché, mentre tutti gli altri sono contenti dei loro limiti naturali, soltanto l'uomo tenta di oltrepassare i confini della sua condizione.

35 E tra gli uomini, sotto molti punti di vista, antepone i semplici ai dotti e ai grandi. Molto più saggio di Ulisse, simbolo della scaltrezza, Grillo che preferì di grugnire in un porcile piuttosto che andare con lui incontro a tante calamità. Mi pare la pensi così anche Omero, padre delle favole, che, mentre di continuo dice gli uomini miseri e travagliati, e a più riprese chiama infelice Ulisse con la sua proverbiale avvedutezza, non usa mai questo termine parlando di Paride, o di Aiace, o di Achille. perché mai? Soltanto perché, quell'astuto inventore di trucchi agiva solo sotto la spinta di Pallade, e, quanto mai sordo a ogni richiamo della natura, era tutto cervello.

Perciò i più lontani dalla felicità sono tra i mortali quelli che aspirano alla sapienza, doppiamente stolti perché, dimentichi della loro condizione di uomini, si atteggiano a Dèi immortali e, a somiglianza dei giganti, dichiarano guerra alla natura valendosi di ordigni costruiti dalla loro perizia; i meno infelici, invece, sembrano quelli che restano più vicini all'istinto e alla stupidità dei bruti, né tentano mai di oltrepassare le capacità dell'uomo.

Proverò anche a dimostrarlo, e non con gli entimèmi degli stoici, ma con qualche esempio alla portata di tutti. Per gli Dèi immortali, vi è forse al mondo qualcosa di più felice di quella specie di uomini chiamati volgarmente scimuniti, stolti, fatui, sciocchi? appellativi, a mio parere, onorevolissimi. Dirò anzi una cosa che, se a prima vista può sembrare una sciocchezza ed un'assurdità, in fondo è di una verità indiscutibile.

Loro, innanzitutto, non hanno paura della morte, male, per Giove, non trascurabile. Non li tormentano rimorsi di coscienza; non li turbano le storie degli spiriti dei defunti; non hanno paura delle apparizioni; non si crucciano per il timore di mali incombenti; non entrano in ansia nella speranza di beni futuri.

Insomma, non sono in balìa dei mille affanni a cui è esposta la nostra vita. Ignorano la vergogna, il timore, l'ambizione, l'invidia, l'amore. Infine, chi più si avvicina alla stupidità dei bruti – ne sono garanti i teologi – è anche immune dal peccato. Ed ora, mio sciocchissimo saggio, vorrei che tu mi esternassi tutti gli affanni che notte e giorno tormentano il tuo animo e facessi un bel mucchio di tutti i tuoi guai; alla fine capiresti quanto gravi mali ho risparmiato ai miei folli. Aggiungi che, non solo vivono in perpetua letizia, scherzando, canterellando, ridendo, ma offrono anche a tutti gli altri, dovunque vadano, motivi di piacere, scherzo, divertimento e riso, come se la benevolenza divina proprio a questo li avesse votati: a rallegrare la tristezza della vita umana. Perciò, mentre gli uomini provano, caso per caso, sentimenti diversi verso i loro simili, nei confronti di questi pazzi nutrono senza eccezione sentimenti amichevoli: li vanno a cercare, li nutrono, li stringono in una sorta di caldo abbraccio e, all'occorrenza, li soccorrono, non tenendo in nessun conto quanto possono dire o fare. Nessuno desidera fargli del male. Persino le bestie feroci li risparmiano, istintivamente consapevoli della loro innocenza. Infatti sono davvero sacri agli Dèi, e a me in particolare. Perciò, a buon diritto, sono da tutti onorati.

36 Grandi re, tanto se ne dilettano, che alcuni di loro, nemmeno per un'ora, possono farne a meno né a tavola né a passeggio. Non di poco preferiscono questi buffoni agli austeri filosofi, che tuttavia sono soliti mantenere per ragioni di prestigio. perché poi li preferiscano, non mi sembra un mistero, né deve destare stupore; quei saggi, per i prìncipi, sono solo apportatori di tristezza; talora fidando nella loro dottrina, non si peritano di sfiorare quelle orecchie delicate con qualche pungente verità. I buffoni, invece, offrono ai prìncipi la sola cosa che questi desiderano con tutta l'anima: delizie come passatempo, scherzi, risate, divertimenti. E non dimenticate anche questa non trascurabile dote dei folli: solo loro sono schietti e veritieri.

E che c'è mai di più lodevole della verità?

Anche se in Platone un detto d'Alcibiade attribuisce la verità al vino e ai fanciulli, si tratta tuttavia di un elogio che, in assoluto, spetta soprattutto a me. Ne fa fede Euripide che a me si riferisce col celebre detto: "Il folle dice cose folli". Il folle porta scritto in faccia, e traduce in parole, tutto quanto ha nel cuore. I saggi, invece, sempre secondo Euripide, hanno due linguaggi: quello della verità e quello dell'opportunismo. È loro caratteristica mutare il nero in bianco, spirando dalla medesima bocca ora il freddo ora il caldo, avendo in fondo al cuore tutt'altro da quello che dicono nei loro artefatti discorsi. Nella loro fortuna i prìncipi a me sembrano sotto questo rispetto molto sfortunati: non hanno nessuno che dica loro la verità, e sono costretti ad avere come amici degli adulatori.

Ma, si potrebbe osservare, le orecchie dei prìncipi detestano la verità e proprio per questo rifuggono dai saggi, nel timore che qualcuno di lingua più sciolta osi dire cose vere piuttosto che gradevoli. Così è: i re non amano la verità. Tuttavia proprio questo si volge mirabilmente in vantaggio per i miei folli: da loro si ascoltano, con piacere, non solo la verità, ma anche indubbie insolenze, a tal punto che, la stessa cosa, detta da un sapiente, gli frutterebbe la morte, detta da un buffone diverte il signore oltre ogni dire.

La verità, infatti, ha un non so quale schietta capacità di piacere, purché non si accompagni all'intenzione di offendere: ma questo è un dono che gli Dèi hanno elargito ai soli folli.

Sono press'a poco medesime le ragioni per cui le donne, più inclini per natura al divertimento e alle frivolezze, si trovano di solito tanto bene con un simile genere di uomini.

Perciò, qualunque cosa costoro facciano – anche se a volte sono cose fin troppo serie – le donne, tuttavia, le volgono in scherzo e gioco, abili come sono nel mascherare ogni loro trascorso.

37 Ma ora torniamo alla felicità dei folli. Trascorsa la vita in grande letizia, senza né il timore né il senso della morte, se ne vanno diritti ai campi Elisi, per dilettare anche lì, coi loro scherzi, il riposo delle anime pie.

Paragoniamo quindi la condizione del saggio con quella di questo buffone. Immagina, per contrapporlo a lui, un modello di sapienza: un uomo che abbia consumato tutta la fanciullezza e l'adolescenza a istruirsi in mille modi, perdendo la parte migliore della propria vita in veglie senza fine, in affanni e fatiche; che nemmeno in tutto il resto della propria vita abbia mai gustato un istante di piacere; sempre parco, povero, triste, austero, inflessibile con se stesso, fastidioso e inviso agli altri; pallido, macilento, cagionevole; invecchiato e incanutito prima del tempo, colto da morte prematura, anche se nulla importa, dopo tutto, quando muore un uomo così, che non è mai vissuto.

Ecco l'immagine perfetta del sapiente.

38 A questo punto, sento che le rane del Portico si rimettono a gracidare contro di me. "Niente, dicono, è più miserevole della demenza. Ma una eminente follia è molto vicina alla demenza, o è demenza essa stessa.

Che cosa infatti è la demenza, se non l'uscire di senno? e costoro ne sono usciti del tutto. *Orsù, vediamo di confutare con l'aiuto delle Muse anche questo sillogismo*.

Certo il loro ragionamento è sottile, ma, come il Socrate platonico, procedendo per divisione, di una Venere e di un Cupido ne faceva due, così anche i nostri dialettici, se volevano apparire in senno, dovevano distinguere dissennatezza da dissennatezza. Infatti non ogni follia è fonte di guai. Altrimenti Orazio non si sarebbe chiesto: *"Si prende forse gioco di me un'amabile follia?"*, né Platone avrebbe collocato il delirio dei poeti, dei vati e degli amanti tra i massimi doni della vita; né la Sibilla avrebbe chiamato folle l'impresa di Enea.

In verità ci sono due specie di follia. Una scaturisce dagli inferi tutte le volte che le crudeli dee della vendetta, scatenando i loro serpenti, suscitano nei cuori dei mortali ardore di guerra, o insaziabile sete di oro, o amore turpe e scellerato, parricidio, incesto, sacrilegio, e altri consimili orrori; oppure quando travagliano con le furie e le faci tremende, un animo conscio dei propri delitti.

L'altra, non ha nulla in comune con questa; nasce da me e tutti la desiderano. Si manifesta ogni volta che una dolce illusione libera l'animo dall'ansia e lo colma, insieme, di mille sensazioni piacevoli.

Proprio questa illusione Cicerone, scrivendo ad Attico, augura a se stesso come un gran dono degli Dèi, per potersi liberare dall'oppressione dei gravi mali incombenti. né aveva torto quell'argivo che era pazzo al punto da sedere da solo in teatro per giornate intere, ridendo, applaudendo, godendosela, perché credeva vi si rappresentassero tragedie bellissime, mentre non si rappresentava proprio nulla.

Eppure, in tutte le altre faccende della vita, era perfettamente normale: cordiale con gli amici, "gentile con la moglie, capace di perdonare ai servi e di non dare in escandescenze se il sigillo rotto denunciava la bottiglia aperta".

Guarito dalle cure dei familiari che gli somministrarono le medicine del caso, tornato del tutto in sé, così si lamentava con gli amici: "Per Polluce! m'avete ammazzato, amici miei, e non salvato, privandomi del piacere e togliendomi con la forza quella mia così dolce illusione".

Aveva ragione: erano loro che sbagliavano e che, più di lui, avevano bisogno dell'elleboro, loro che credevano di dover estirpare con le medicine, quasi fosse un malanno, una così felice e piacevole follia. Tuttavia non ho ancora accertato se qualunque errore del senso o della mente meriti il nome di follia. Se uno che ci vede poco scambia un mulo per un asino, se un altro ammira come un monumento di dottrina una rozza poesia, non si può senz'altro chiamarlo pazzo.

Ma se uno sbaglia, non solo col senso, ma anche col giudizio della mente, e questo gli accade sempre e in proporzioni insolite, di lui, sì, diremo che ha un ramo di pazzia; come chi, sentendo un asino ragliare, credesse di ascoltare un meraviglioso concerto, o chi, povero e di umili origini, credesse di essere Creso, re di Lidia.

Ma quando questa specie di follia, come di solito accade, assume aspetti piacevoli, è di non piccolo diletto, sia per coloro che ne sono posseduti, sia per quelli che stanno a vedere senza esserne colpiti.

Si tratta, si badi, di un'affezione molto diffusa; più di quanto di solito si crede. Il pazzo ride del pazzo, e a vicenda si offrono diletto. E non di rado vi accadrà di vedere che, di due pazzi, è il più pazzo quello che più si prende gioco dell'altro.

39 Eppure, ve lo assicura la Follia in persona, uno è tanto più felice quanto più la sua follia è multiforme, purché si mantenga entro il genere a me peculiare: un genere così diffuso che non so se fra tutti gli uomini se ne possa trovare uno solo che sia costantemente saggio, e che sia del tutto immune da una qualche forma di pazzia. La differenza è tutta qui: chi vedendo una zucca la scambia per la moglie, viene chiamato pazzo perché la cosa succede a pochissimi.

Chi invece, avendo la moglie in comune con molti, giura che è più virtuosa di Penelope, e, felice del suo errore, è orgoglioso di sé, nessuno lo chiama pazzo, perché la cosa accade spesso e dovunque.

Appartengono alla confraternita anche coloro che disprezzano tutto in confronto ad una partita di caccia, e vanno dicendo di provare un incredibile piacere tutte le volte che sentono il suono cupo del corno e l'abbaiare dei cani. Credo che anche gli escrementi dei cani, quando li annusano, mandino per loro profumo di cinnamomo.

E quale dolcezza squartare la selvaggina! L'umile plebe può squartare tori e castrati, ma sarebbe un delitto farlo con un capo di selvaggina: questa è prerogativa di nobili.

A capo scoperto sta il nobile, piegati i ginocchi, col

coltello destinato allo scopo (è vietato servirsi di uno strumento qualunque), con gesti rituali, in pio raccoglimento, taglia determinate membra in un determinato ordine.

Una folla silenziosa lo circonda, ammirata come se assistesse a non so quale nuovo rito, mentre si tratta di uno spettacolo visto e rivisto. Se poi uno ha la fortuna d'assaggiare un bocconcino della preda, crede di avanzare non poco in nobiltà. Costoro, cacciando e cibandosi in continuazione di selvaggina, mentre ottengono solamente di trasformarsi press'a poco in fiere, si illudono invece di menar vita da re.

Molto simili sono quanti, in preda alla frenesia del costruire, senza posa trasformano il quadrato in rotondo, o il rotondo in quadrato. Procedono ignari di ogni limite e misura finché, ridotti in estrema povertà, non hanno più né tetto né cibo. Ma che gli importa del dopo? Intanto, per alcuni anni, sono stati immensamente felici.

Molto vicini a costoro, mi pare, sono quelli che con arti nuove e arcane, tentano di trasformare la natura degli elementi e cercano per terra e per mare la quinta essenza. Si nutrono di una speranza così dolce da non tirarsi mai indietro di fronte a spese o fatiche, e con mirabile spirito inventivo ne pensano sempre qualcuna per ingannarsi una volta di più e per rivestire l'inganno di liete apparenze, finché, dato fondo a tutto il loro, non possono costruire più niente, nemmeno un for-nello. Non per questo, tut-tavia, smettono di sognare i loro bei sogni, ma spingono con tutte le loro forze anche gli altri verso la medesima felicità. E quando l'ul-tima speranza li ha abban-donati, re-sta tuttavia, a consolarli piena-mente, un detto: le grandi cose basta averle volute. Ac-cusano allora la brevità della vita, inadeguata alla grandezza dell'im-presa. Sono in dubbio

se annoverare nella nostra congrega i giocatori. Tuttavia è decisamente uno spettacolo di spassosa follia vedere a volte gente così schiava del gioco da sentirsi venire le palpitazioni appena giunge al loro orecchio il rumore di dadi.

Quando poi, obbedendo al costante stimolo della speranza di vincere, vedono naufragare tutta la loro fortuna, infranta contro lo scoglio del gioco, ben più insidioso del Capo Malea, appena in salvo, nudi di tutto, per non farsi la fama di uomini poco seri, defraudano chiunque, piuttosto che chi nel gioco li ha vinti.

E che dire di quando, ormai vecchi, con la vista che vacilla, ricorrendo alle lenti, continuano a giocare? E quando infine la meritata gotta impedisce l'uso delle mani, arrivano a pagare un sostituto che getti sulla tavola, per loro, i dadi. Gran bella cosa sarebbe il gioco, se il più delle volte non volgesse in passione rabbiosa; ma qui siamo ormai nel regno delle Furie, non nel mio.

40 È senza dubbio della mia pasta, invece, la schiera di quegli uomini che si divertono ad ascoltare o narrare storie di miracoli o di prodigi fantastici e non si stancano mai di ascoltare favole in cui si parla di eventi portentosi, di spettri, di fantasmi, di larve, degl'inferi, o di altre innumerevoli cose del genere.

Quanto più la favola si scosta dal vero, tanto più volentieri ci credono, tanto più voluttuosamente le loro orecchie ne sono solleticate. Di qui, non solo un apprezzabile passatempo contro la noia, ma anche una fonte di guadagno, specialmente per i sacerdoti ed i predicatori.

Sono della stessa razza quanti nutrono la folle ma piacevole convinzione di non essere esposti a morire in giornata, se hanno visto il simulacro ligneo o l'immagine dipinta di un gigantesco san Cristoforo (il nuovo Polifemo); o credono di tornare sani e salvi dalla battaglia, se hanno rivolto le debite preghiere alla statua di santa Barbara; o di arricchirsi in breve rendendo omaggio a sant'Erasmo in certi giorni, con speciali moccoli e determinate formulette. In san Giorgio hanno scoperto una specie di Ercole e hanno anche un secondo Ippolito.

Quasi adorano il suo cavallo dopo averlo adornato con la massima devozione di falere e di borchie, né risparmiano offerte di ogni sorta per accaparrarsi la benevolenza del santo; giurare per il suo elmo di bronzo, secondo loro, è proprio degno di un re.

Che dire poi di quelli che, nella dolcissima illusione di immaginarie indulgenze accordate ai loro peccati, computano quasi con l'orologio alla mano il periodo da passare in purgatorio, numerando secoli, anni, mesi, giorni, ore, secondo una sorta di tavola matematica sicura al cento per cento. O di quelli che fidando in segni

magici o in giaculatorie inventate da qualche pio ciurmadore, o per naturale disposizione, o a scopo di lucro, non pongono limiti alle loro speranze: ricchezze, onori, piaceri, abbondanza di tutto, una salute costantemente ottima, una lunga vita, una vecchiaia vegeta, e, alla fine, nel regno dei cieli, un seggio proprio accanto a Cristo.

Questo, però, senza fretta, per carità; ben vengano le delizie dei beati, ma quando, con disappunto, dovranno lasciare i piaceri della vita a cui sono abbarbicati con le unghie e coi denti.

Immagina un negoziante, ma anche un soldato, un giudice: rinunciando a una sola monetina dopo tante ruberie, crede di avere lavato una volta per tutte il fango di un'intera vita, un'autentica palude di Lerna, e ritiene che tanti spergiuri, tanta libidine, tante ubriacature, tante risse, tante stragi, tante imposture, tante perfidie, tanti tradimenti, siano riscattati come in base ad un regolare patto, e riscattati al punto da poter ricominciare da zero una nuova catena di delitti.

E chi è più folle, o meglio più felice, di quanti recitando ogni giorno sette versetti del salterio si ripromettono una beatitudine sconfinata?

A indicare a san Bernardo quei magici versetti si crede sia stato un demone faceto, più sciocco invero che furbo, se, poveretto, rimase intrappolato nel suo stesso inganno. Roba da matti! persino io me ne vergogno.

Sono cose, tuttavia, che godono l'approvazione, non solo del volgo, ma anche di chi propina insegnamenti religiosi.

O non è forse lo stesso caso di quando ogni regione reclama il suo particolare santo protettore, ognuno coi suoi poteri, ognuno venerato con determinati riti? questo fa passare il mal di denti; quello assiste le partorienti.

C'è il santo che fa recuperare gli oggetti rubati, quello che rifulge benigno al naufrago, un altro che protegge il gregge; e via discorrendo.

Troppo lungo sarebbe elencarli tutti. Ve ne sono che da soli possono essere utili in parecchi casi; vi ricordo la Vergine, madre di Dio, alla quale il volgo attribuisce quasi più poteri che al figlio.

41 Infine, che cosa chiedono gli uomini a questi santi, se non cose che sanno di follia? Fra tanti ex-voto di cui sono zeppe le pareti, e persino le volte di certe Chiese, ne avete mai visti di chi fosse guarito dalla follia, o che fosse diventato, sia pure uno zinzino, più saggio? Qualcuno si è salvato a nuoto; un altro, ferito dal nemico, è riuscito a sopravvivere; chi, abbandonato il campo mentre gli altri combattevano, ne è uscito con fortuna salvando anche l'onore; uno, con l'aiuto di un santo protettore dei ladri, è caduto dal patibolo per poter continuare ad alleggerire delle loro ricchezze quelli che non le meritano. Chi è fuggito dal carcere forzando la porta; un altro è guarito dalla febbre con disappunto del medico; a uno la bevanda velenosa non è stata letale, perché, sciogliendogli il corpo, gli è servita da medicina, con scarsa soddisfazione della moglie che si era data da fare per niente. Un uomo, pur essendoglisi rovesciato il carro, ha riportato sani e salvi i cavalli. Un altro ancora, rimasto sotto le macerie, è sopravvissuto; uno, infine, colto

sul fatto da un marito, è riuscito a svignarsela.

Nessuno che renda grazie per essere stato guarito dalla pazzia.

Gran bella cosa mancare di senno, se i mortali tutto deprecano, fuori che la follia. Ma perché poi mi vado a cacciare in questo mare di superstizioni? "Cento lingue, cento bocche, un'ugola di ferro, non mi basterebbero a enumerare tutte le varietà di pazzi, a elencare tutte le forme di follia." (Virgilio, "Eneide"). A tal punto la cristianità intera trabocca di vaneggiamenti del genere; e i sacerdoti stessi sono pronti ad ammetterle e incoraggiarle, non ignorando il guadagno che di solito ne viene.

Se però nel frattempo qualche odioso saggio si levasse a dire le cose come stanno – "morirai bene, se bene hai vissuto; laverai i tuoi peccati, se all'offerta di una moneta aggiungerai il pentimento con lacrime, veglie, preghiere, digiuni, e un radicale cambiamento di vita; avrai la protezione di questo Santo, se ne imiterai la vita" –; se quel saggio si mettesse a ripetere queste cose ed altre del genere, vedresti in quale sgomento farebbe precipitare le anime dei mortali, prima così colme di letizia!

Rientrano in questa congrega coloro che da vivi stabiliscono la pompa del proprio funerale con tanta cura da indicare il numero delle torce, degli incappati, dei cantori, dei lamentatori di mestiere, come se dovessero avere un qualche sentore dello spettacolo, o se da morti potessero vergognarsi qualora il cadavere non fosse sepolto con la debita magnificenza, a somiglianza di chi, elevato ad una carica, si preoccupa di organizzare giochi e banchetto.

42 Per quanto cerchi di non dilungarmi, non riesco proprio a passare sotto silenzio coloro che, in nulla diversi dall'ultimo ciabattino, si compiacciono tuttavia oltremodo di un vano titolo nobiliare.

Chi, a sentir lui, discende da Enea, chi da Bruto, chi da Arturo; mostrano da ogni parte gli antenati in effigie, ritratti da scultori e pittori. Ti enumerano uno dopo l'altro bisavoli e trisavoli ricordandone gli antichi soprannomi, mentre per parte loro non dicono molto di più di una muta statua, anzi dicono meno dei ritratti che ostentano.

E tuttavia il dolce amore di sé li fa vivere in perfetta letizia. né mancano gli sciocchi che guardano a questa razza di animali come se fossero divinità.

Ma perché perdermi a parlare dell'una o dell'altra specie di gente, come se dappertutto la nostra Fi-

lautìa non fosse per tanti, e nelle forme più inatte-
se, fonte di grandissima felicità?

Questo qui è più brutto di una scimmia, e si crede
un Nireo. Un altro, appena ha tracciato tre linee col
compasso, si crede Euclide.

Un altro ancora, che sta come un asino davanti alla
lira, ed ha mezzi vocali degni di un gallo in amore
quando si avventa sulla gallina, s'immagina di essere un secondo Ermogene. Un posto a parte merita
quell'ineffabile genere di follia per cui tanti, se uno
dei loro servi ha delle doti, se ne gloriano come di
cosa propria.

Come quel riccone doppiamente felice di cui parla Seneca, che, se doveva raccontare una storiella,
teneva d'intorno i servi perché gli suggerissero i
nomi; e, fidando nel fatto di averne in casa tanti as-
sai ben piantati, pur essendo così debole da reggere
l'anima coi denti, non avrebbe esitato a cimentarsi
in una gara di pugilato.

A che ricordare chi fa professione di artista? La filautìa è peculiare a tutta questa gente a tal segno,
che faresti prima a trovarne uno disposto a cedere
il campicello paterno che a rinunziare al suo talen-
to, soprattutto nell'ambito degli attori, dei cantori,
degli oratori e dei poeti. Quanto più uno lascia a

desiderare, tanto più è arrogante nell'autocompiacimento, tanto più si vanta, tanto più si gonfia. Il simile ama il simile, e quanto meno si vale tanto più si è ammirati; i più vanno sempre dietro alle cose peggiori, perché, come ho detto, la maggior parte degli uomini è soggetta alla follia.

Quindi, se chi è più ignorante è più contento di sé e ha più largo successo, cosa mai lo dovrebbe indurre ad optare per una cultura autentica, che in primo luogo gli costerebbe parecchio, e in secondo luogo lo renderebbe più fragile e più timido; e, infine, restringerebbe sensibilmente la cerchia dei suoi ammiratori.

43 Mi rendo conto che la natura, come ha infuso un amor proprio particolare nei singoli individui, ne ha instillato uno comune a tutti i cittadini di ciascuna nazione, e starei per dire di una stessa città. Di qui la pretesa degli Inglesi di primeggiare, oltre che nel resto, sul piano della bellezza, della musica, delle laute mense; gli Scozzesi vantano nobiltà, parentele regali, nonché dialettiche sottigliezze; i Francesi rivendicano la raffinatezza dei costumi; i Parigini pretendono la palma della scienza teologica vantandone un possesso quasi esclusivo; gli Italiani affermano la loro superiorità nelle lettere e nell'eloquenza; e si cullano tutti nella dolcissima convinzione di essere i soli non barbari fra i mortali.

Primi, in questo genere di felicità, sono i Romani, ancora immersi nei bellissimi sogni dell'antica Roma; quanto ai Veneti, si beano del prestigio della loro nobiltà. I Greci, quali inventori delle arti, si vantano delle antiche glorie dei loro famosi eroi; i Turchi, e tutta quella massa di autentici barbari, pretendono il primato anche in fatto di religione e quindi deridono i cristiani come superstiziosi. Molto più gustoso è il caso degli Ebrei che aspettano sempre incrollabili il proprio Messia, e ancor oggi si tengono aggrappati al loro Mosè; gli Spagnoli non la cedono a nessuno in fatto di gloria militare; i Tedeschi si compiacciono dell'alta statura e della conoscenza della magia.

44 Senza andare dietro ai casi particolari, vi rendete conto, penso, di quanto piacere venga dalla Filautìa agli individui e ai mortali in genere. Le sta quasi alla pari la sorella Adulazione. La filautìa, infatti, consiste nell'accarezzare se stessi; se si accarezza un altro, si tratta di adulazione. Oggi, però, l'adulazione non gode buona fama; ma questo fra coloro per cui le parole valgono più delle cose. Ritengono che l'adulazione non si può accompagnare alla fedeltà, mentre potrebbero rendersi conto di quanto sbagliano, solo se guardassero all'esempio che viene dalle bestie. Chi, infatti, più adulatore del cane? e, al tempo stesso,

chi più fedele? Chi è più carezzevole dello scoiattolo? ma chi più di lui amico dell'uomo? A meno che non si vogliano considerare più utili all'uomo i fieri leoni, e le crudeli tigri, o i feroci leopardi. Anche se è vero che c'è una forma d'adulazione davvero perniciosa con cui taluni, perfidamente beffando i poveri ingenui, li portano alla rovina.

Questa mia adulazione, invece, ha radice in un certo bonario candore ed è molto più vicina alla virtù di quella durezza e severità ruvida e stizzosa, di cui parla Orazio, e che si suole contrapporle. La mia adulazione rincuora gli animi abbattuti, raddolcisce la tristezza, riscuote dall'inerzia, sveglia gli ottusi, dà sollievo ai malati, mitiga i violenti, mette pace fra gli innamorati e ne conserva la buona armonia. Attira i fanciulli allo studio delle lettere, rallegra i vecchi, ammonisce ed ammaestra i prìncipi senza offenderli, sotto specie di lodarli. Insomma, fa in modo che ciascuno sia di sé più contento e a sé più caro, il che è parte della felicità, e addirittura la parte più importante. Che cosa può esservi di più gentile di due muli che si grattano a vicenda? Per non aggiungere che questa mia adulazione è una notevole parte della celebrata eloquenza, e costituisce la parte maggiore della medicina; della poesia poi è la componente massima. Ed è miele e condimento di tutte le relazioni umane.

45 Ma è male, dicono, essere ingannati; c'è molto di peggio: non essere ingannati. Sono, infatti, proprio privi di buon senso quanti ripongono la felicità dell'uomo nelle cose stesse. Essa dipende dal nostro modo di vederle. Infatti tale è l'oscurità e varietà delle cose umane che niente si può sapere con chiarezza, come giustamente affermano i miei Accademici, i meno presuntuosi dei filosofi.

Se poi qualcosa si può sapere, spesso abbiamo poco da rallegrarcene. L'animo umano, infine, è fatto in modo tale che la finzione lo domina molto più della verità. Chi ne volesse trovare una prova facilmente accessibile, potrebbe andare in Chiesa a sentir prediche: qui, se il discorso si fa serio, tutti sonnecchiano, sbadigliano, si annoiano.

Ma, se l'urlatore di turno (è stato un lapsus, volevo dire l'oratore), come spesso succede, prende le mosse da qualche storiella da vecchierelle, tutti si svegliano, si tirano su, stanno a sentire a bocca aperta. Del pari, se c'è un Santo leggendario e poetico – per esempio San Giorgio, o San Cristoforo, o Santa Barbara – lo vedrete venerare con molto maggiore pietà di San Pietro, e San Paolo, e dello stesso Gesù Cristo.

Ma di questo, qui non è il luogo. Costa veramente poco conquistare la felicità illusoria che dicevo! Le cose vere, anche le meno rilevanti, come la grammatica, costano tanta fatica. Un'opinione, invece, costa così poco, e alla nostra felicità giova altrettanto, se non di più.

Se, per esempio, uno si ciba di pesce in salamoia andato a male, di cui un altro neppure potrebbe sopportare il puzzo, mentre per lui sa d'ambrosia, di' un po', che cosa mai gl'impedisce di godersela? Al contrario, se a uno lo storione dà la nausea, che razza di piacere ne trarrà? Se una moglie decisamente brutta al marito sembra tale da poter gareggiare con la stessa Venere, non sarà forse come se fosse bella davvero?

Se uno contempla ammirato una tavola impiastricciata di rosso e di giallo, persuaso di trovarsi davanti ad un dipinto di Apelle o di Zeusi, non sarà forse più felice di chi ha comprato a caro prezzo un'opera di quegli artisti per poi gustarla forse con minore passione?

Conosco un tale che si chiama come me, e che alla sposa novella donò alcune gemme false facendogliele credere, con la parlantina che aveva, non solo assolutamente vere, ma anche rare e di valore inestimabile.

Ditemi un po', che differenza c'era per la fanciulla, visto che quei pezzetti di vetro rallegravano altrettanto i suoi occhi e il suo cuore, se conservava gelosamente presso di sé delle sciocchezzuole di nessun valore come se fossero chissà qual tesoro? Il marito, frattanto, evitava una spesa e godeva dell'illusione della moglie che gli era grata come se avesse ricevuto doni di gran pregio.

Che differenza pensate vi sia fra coloro che nella caverna di Platone contemplano le ombre e le immagini delle varie cose, senza desideri, paghi della propria condizione, e il sapiente che, uscito dalla caverna, vede le cose vere?

Se il Micillo di Luciano avesse potuto continuare a sognare in eterno il suo sogno di ricchezza, che mo-

tivo avrebbe avuto di desiderare un'altra felicità? La
condizione dei folli, perciò, non differisce in nulla
da quella dei savi, o, meglio, se in qualcosa differisce, è preferibile. Innanzitutto perché la loro felicità costa ben poco: solo un piccolo inganno di sé.

46 E poi perché ne godono insieme con
moltissimi, e "non c'è bene di cui si possa godere davvero se non si ha qualcuno
con cui dividerlo" (Seneca, "Epistualæ morales"). E
chi non sa quanto pochi sono i sapienti, se pur qualcuno ve n'è? In tanti secoli i Greci ne contano in tutto sette, e anche di questi, per Ercole, se si andasse
a guardare meglio, nessuno, ho paura, risulterebbe
sapiente a metà, e forse neppure per un terzo.
Perciò, se dei molti meriti di Bacco giustamente si
considera il più importante la capacità di scacciare gli affanni, e anche questo solo finché, appena
smaltita la sbornia, gli affanni tornano all'assalto
– come dicono, su bianchi destrieri – quanto più
completo ed efficace il mio beneficio per cui l'animo, in una ebbrezza perenne, senza nessuna fatica,
si riempie di gioia, di piaceri, di esultanza! né lascio
alcun mortale privo del mio dono, mentre i doni degli altri Dèi vanno ora a questo ora a quello.

Non sgorga dappertutto, a scacciare gli affanni, un dolce vino generoso, fecondo di speranze.
A pochi la bellezza, dono di Venere; meno ancora sono quelli a cui tocca l'eloquenza, dono di Mercurio; non molti hanno in sorte, col favore di Ercole, le ricchezze, né il Giove omerico concede a tutti

l'imperio. Spesso Marte nega il suo appoggio ad entrambi i contendenti. Parecchi lasciano il tripode di Apollo con la tristezza in cuore. Il figlio di Saturno scaglia spesso i suoi fulmini; a volte Febo coi suoi dardi diffonde la peste. Nettuno ne uccide più di quanti ne salva; per non menzionare cotesti Veiovi, Plutoni, Sventure, Pene, Febbri, e simili, che non sono divinità ma carnefici. Io, la Follia, sono la sola a stringere tutti ugualmente in così generoso abbraccio.

47 Non voglio preghiere e non mi sdegno per avere offerte espiatorie, se qualche particolare del cerimoniale è stato trascurato. Se, quando tutti gli altri Dèi sono invitati, mi lasciano a casa non permettendomi neanche di annusare il buon odore delle vittime, non ne faccio una tragedia.

Quanto agli altri Dèi, invece, sono così suscettibili che quasi meglio sarebbe – senza dubbio sarebbe più prudente – lasciarli perdere piuttosto che venerarli. Come certi uomini, così difficili ed irritabili, che è preferibile non conoscerli affatto piuttosto che averli amici.

Nessuno, dicono, offre sacrifici o innalza templi

alla Follia. Di questa ingratitudine, come dicevo, un poco mi stupisco, anche se poi, col buon carattere che mi ritrovo, ci passo sopra. D'altronde onori del genere esulano dai miei desideri. perché mai dovrei desiderare un pugno di incenso, una focaccia, un becco o un porco, quando gli uomini di tutto il mondo mi tributano un culto che persino dai teologi viene tenuto nel massimo pregio! A meno che non debba mettermi ad invidiare Diana perché riceve sacrifici di sangue umano! Io ritengo di essere venerata col massimo della devozione quando tutti gli uomini, come di fatto succede, mi hanno in cuore e modellano su di me i loro costumi, le loro regole di vita. Una forma di culto che non è frequente neppure fra i cristiani.

Quanti sono, infatti, coloro che accendono alla Vergine, madre di Dio, un candelotto, magari a mezzogiorno, quando proprio non ce n'è bisogno!

D'altra parte, quanto pochi cercano d'imitarne la castità, la modestia, l'amore per il regno dei cieli! Mentre è questo alla fine il vero culto, il più gradito agli abitatori del cielo. Inoltre, perché mai dovrei desiderare un tempio, quando l'universo è il mio tempio? E un gran bel tempio, se non erro.

Né mi mancano i devoti, se non dove mancano gli uomini. né sono così sciocca da andare in cerca di statue di pietra dipinte a colori, che spesso nuocciono al nostro culto perché i più ottusi adorano le immagini invece delle divinità, mentre a noi capita quello che di solito succede a quanti sono soppiantati dai loro rappresentanti.

Io credo di avere tante statue quanti sono gli uomini che, anche senza volere, mostrano nel volto la mia immagine vivente.

Non ho nulla da invidiare agli altri Dèi, se vengono venerati chi in un cantuccio della terra chi in un altro, e solo in giorni determinati, come Febo a Rodi,

Venere a Cipro, Giunone ad Argo, Minerva ad Atene, Giove sull'Olimpo, Nettuno a Taranto, Priapo a
Lampsaco. A me il mondo intero offre senza sosta
vittime ben più pregiate.

48 Se qualcuno giudica questo mio discorso più baldanzoso che veritiero, andiamo un po' a vedere la vita stessa degli uomini, per mettere in chiaro quanto mi devono, e in che conto mi tengono, tanto i potenti come i poveri diavoli.

Non esamineremo la vita di uomini qualunque, si andrebbe troppo per le lunghe, ma solo quella di personaggi segnalati, da cui sarà facile giudicare gli altri.

Che importa infatti parlare del volgo e del popolino che, al di là di ogni discussione, mi appartiene senza eccezioni?

Tante, infatti, sono le forme di follia di cui da ogni parte il popolo trabocca, tante ne inventa di giorno in giorno, che per riderne non basterebbero mille Democriti, anche se poi, per quegli stessi Democriti, ci vorrebbe ancora un altro Democrito.

È quasi incredibile quanti motivi di riso, di scherzo, di piacevole svago, i poveracci offrono agli Dèi. Agli Dèi che dedicano le ore antimeridiane, quando ancora non sono ubriachi, a litigiose discussioni e all'ascolto delle preghiere. Ma poi, quando sono ebbri di nettare, e non hanno più voglia di attendere a faccende serie, seduti nella parte più alta del cielo, si chinano a guardare cosa fanno gli uomini. né c'è spettacolo che gustino di più. Dio immortale! quello sì che è teatro! Che varietà nel tumultuoso agitarsi dei pazzi! Io stessa, infatti, talvolta vado a sedermi nelle file degli Dèi dei poeti. Questo si strugge d'amore per una donnetta, e quanto meno è riamato tanto più ama senza speranza. Quello sposa la dote e non la donna. Quell'altro prostituisce la sposa, mentre un altro ancora, roso dalla gelosia, tiene gli occhi aperti come Argo. Quali spettacolari sciocchezze dice e fa qualcuno in circostanze luttuose, arrivando a pagare dei professionisti perché recitino la commedia del compianto! C'è chi piange sulla tomba della matrigna, e chi spende tutto ciò che può racimolare per impinguarsi il ventre, a rischio, magari, di ridursi in breve a morire di fame. Qualcuno pone in cima ai suoi pensieri il sonno e l'ozio. C'è chi si prodiga con ogni cura per gli affari degli altri mentre trascura i propri, e chi, preso nel giuoco dei debiti, prossimo a fallire, si crede ricco del denaro altrui; un altro pone all'apice della sua felicità morire povero pur di arricchire l'erede. Questi per un guadagno modesto, e per giunta incerto, corre tutti i mari, affidando la vita, che il denaro non ricompra, alle onde e ai venti; quello preferisce cercare di arricchirsi in guerra piuttosto che starsene al sicuro in casa sua. Ci sono di quelli che credono si possa arrivare alla ricchezza senza la minima fatica andando a caccia di vecchi senza eredi; né manca chi, in vista dello stesso risultato, opta per un legame con vecchiette danarose. Gli uni e gli altri offrono agli Dèi che stanno a guardare uno spettacolo oltremodo divertente, quando si fanno abbindolare proprio da coloro che vogliono intrappolare. La razza più stolta e abietta è quella dei mercanti che, pur trattando la più sordida delle faccende e nei modi più sordidi, pur mentendo, spergiurando, rubando, frodando a tutto spiano, si credono da più degli altri

perché hanno le dita inanellate d'oro. Né mancano di adularli certi fraticelli che li ammirano e li chiamano apertamente venerabili, senza dubbio perché una piccola parte degli illeciti profitti vada a loro.

Altrove puoi vedere dei Pitagorici, a tal segno convinti della comunanza dei beni, che, se trovano qualcosa d'incustodito, tranquillamente se ne appropriano come l'avessero ricevuto in eredità.

C'è chi, ricco solo di speranze, sogna la felicità, e già questo sogno, per lui, è la felicità. Taluni si compiacciono di essere creduti ricchi, mentre a casa loro muoiono di fame.

Uno si affretta a dilapidare tutto quello che possiede; un altro accumula con mezzi leciti e illeciti.

Questo si fa portare candidato perché ambisce a pubbliche cariche, quello è contento di starsene accanto al fuoco. E sono tanti quelli che intentano interminabili cause e che, portatori di opposti interessi, fanno a gara per arricchire il giudice che accorda rinvii, e l'avvocato che è in combutta con la parte avversa.

Uno ha la mania di rinnovare il mondo, un altro propende per il grandioso. C'è chi, senza nessuna ragione d'affari, lascia a casa moglie e figli e se ne va a Gerusalemme, a Roma, a San Giacomo di Compostella.

Insomma, se, come una volta Menippo dalla Luna, potessimo contemplare dall'alto gli uomini nel loro agitarsi senza fine, crederemmo di vedere uno sciame di mosche e di zanzare in contrasto fra loro, intente a combattersi, a tendersi tranelli, a rapinarsi a vicenda, a scherzare, a giocare, nell'atto di nascere, di cadere, di morire.

Si stenta a credere che razza di terremoti e di tragedie può provocare un animaletto così piccino e destinato a vita così breve. Infatti, di tanto in tanto, un'ondata anche non grave di guerra o di pestilenza ne colpisce e ne distrugge migliaia e migliaia.

49 Sarei io stessa un'autentica pazza, e meriterei proprio di far ridere Democrito a più non posso, se continuassi ad elencare tutte le forme di stolta pazzia proprie del volgo. Mi rivolgerò a quelli che fra i mortali vestono l'abito della sapienza e, come si dice, aspirano al famoso ramo d'oro.

Fra loro al primo posto stanno i grammatici, che sarebbero per certo la genìa più calamitosa, più lugubre, più invisa agli Dèi, se non ci fossi io a mitigare, con una dolce forma di follia, i guai di quella infelicissima professione. Su di essi, infatti, non pesano solo le cinque maledizioni di cui parla l'epigramma greco, ma tante, tante di più: sempre affamati, sempre sporchi, se ne stanno nelle loro scuole, e le ho chiamate scuole, ma avrei dovuto dire luoghi dove si lavora come schiavi, camere di tortura; fra turbe di ragazzi invecchiano nella fatica; assordati dagli

schiamazzi, imputridiscono nel puzzo e nel sudiciume; tuttavia, per mio beneficio, avviene che si ritengano i primi tra gli uomini. Sono così contenti di sé, quando col volto truce e con la voce minacciosa atterriscono la tremebonda folla degli alunni; quando le suonano a quei disgraziati con sferze,

verghe e scudisci, e in tutti i modi incrudeliscono a loro capriccio, a imitazione del famoso asino di Cuma. Intanto, per loro, quel sudiciume è la quintessenza del nitore, quel puzzo sa di maggiorana, quell'infelicissima schiavitù è pari a un regno, a tal punto che rifiuterebbero di scambiare la loro tirannide col potere di Falaride o di Dionigi. Ma anche più felici si sentono per non so quale convinzione di essere dei dotti. Mentre ficcano in testa ai ragazzi madornali sciocchezze, tuttavia, Dio buono, di fronte a chi, Palemone o Donato che sia, non ostentano sprezzante superiorità? E con non so quali trucchi riescono a meraviglia nell'intento di apparire al re

sciocche mammine e ai padri scemi pari all'opinione che hanno di sé.

C'è poi un'altra fonte di piacere: quando uno di loro
scova in un foglio ammuffito il nome della madre di
Anchise, o una paroletta di uso non comune, BUB-
SEQUA, BOVINATOR o MANTICULATOR, o quando,
scavando da qualche parte, tira fuori un frammen-
to di antico sasso che porta un'iscrizione mutila.

O Giove, che esplosioni di gioia allora, che trionfi,
che elogi! come se avesse messo in ginocchio l'Africa, o espugnato Babilonia!

E che diremo di quando vanno sbandierando a tutto spiano i loro insulsissimi versiciattoli, che non
mancano peraltro di ammiratori? credono ormai
che lo spirito di Virgilio sia penetrato in loro.

Ma la scena più divertente si ha quando si scambia-
no lodi e complimenti, e a vicenda si danno una li-
sciatina. Se poi uno di loro incappa in un lapsus, e
un altro più avveduto per caso se ne accorge, allora
sì, per Ercole, che ne viene fuori una tragedia a base
di polemiche, di litigi, di ingiurie!

Possano tutti i grammatici volgersi contro di me, se
mento.

Ho conosciuto una volta un tale, dotto in svariati
campi: sapeva di greco, di latino, di matematica, di
filosofia, di medicina, e questo a livello superiore.

Ormai sessantenne, messo da parte tutto il resto, da oltre vent'anni si tormenta sulla grammatica, ritenendo di poter essere felice se vivrà abbastanza da stabilire con certezza come vadano distinte le otto parti del discorso; finora nessuno, né dei Greci né dei Latini, ci è riuscito pienamente. Di qui quasi un caso di guerra se uno considera congiunzione una locuzione avverbiale. A questo modo, pur essendovi tante grammatiche quanti grammatici, anzi di più se solo il mio amico Aldo Manuzio ne ha pubblicate più di cinque, questo tale non tralascia di leggerne ed esaminarne minuziosamente nessuna, per barbara o goffa che sia nello stile.

Guarda infatti con sospetto chiunque faccia in materia un tentativo, sia pure insignificante, attanagliato com'è dalla paura che qualcuno lo privi della gloria, rendendo vane così annose fatiche.
Preferite chiamarla follia o stoltezza? A me poco importa, purché siate disposti a riconoscere che, per mio beneficio, l'animale più infelice di tutti può attingere tale una felicità da non volere scambiare la propria sorte neppure con quella dei re persiani.

50 Meno mi devono i poeti, che pure appartengono apertamente alle mie schiere, libera schiatta come sono, secondo il proverbio, tutti presi dall'impegno di sedurre l'orecchio dei pazzi con autentiche sciocchezze e storielle risibili. Fidando in questi mezzi, mirabile a dirsi, promettono immortalità e divina beatitudine a se stessi e anche agli altri.
A costoro soprattutto sono legate Filautìa e Kolakìa, che da nessun'altra stirpe mortale ricevono un culto altrettanto schietto e costante. Quanto ai retori, benché prevarichino un poco con la complicità dei filosofi, fanno parte anche loro della nostra confraternita. Molte cose lo dimostrano, ma una in primo luogo: che, a parte le altre sciocchezze, tanto hanno

scritto e con tanto impegno a proposito dell'arte di scherzare. E l'autore, chiunque esso sia, della RETORICA AD ERENNIO, annovera la follia tra le varietà di facezie; Quintiliano poi, che in questo campo è di gran lunga il migliore, ci ha dato sul riso un capitolo più lungo dell'ILIADE. Tanto essi valorizzano la follia che spesso quando sono a corto d'argomenti, cercano una scappatoia nel riso. A meno di negare che sia proprio della follia suscitare ad arte pazze risate dicendo cose che appunto, fanno ridere. Nella stessa schiera rientrano quelli che aspirano a fama immortale pubblicando libri. Mi devono tutti moltissimo, ma in particolare coloro che imbrattano i fogli con autentiche sciocchezze. Gli eruditi, infatti, che scrivono per pochi dotti, e che non rifiutano

per giudici né Persio né Lelio, a me non sembrano punto felici, ma piuttosto degni di pietà, perché senza posa si arrovellano a fare giunte, mutamenti, tagli, sostituzioni.

Riprendono, limano; chiedono pareri; lavorano a una cosa anche per nove anni, e non sono mai contenti; a così caro prezzo comprano un premio da nulla quale è la lode, e lode di pochissimi, per di più: la pagano con tante veglie, con tanto spreco di sonno – il sonno, la più dolce delle cose! – con tanta fatica, con tanto sacrificio.

Aggiungi il danno della salute, la bellezza che se ne va, il calo della vista, o addirittura la cecità, la povertà, l'invidia degli altri, la rinuncia ai piaceri, la senescenza precoce, la morte prematura; e chi più ne ha, più ne metta.

Il sapiente crede che ne valga la pena: mali sì gravi in cambio del plauso di uno o due cisposi. Quanto più felice il delirio dello scrittore mio seguace quando, senza starci punto a pensare, solo col modico spreco di un po' di carta, seguendo l'ispirazione del momento, traduce prontamente in scrittura tutto quanto gli passa per la testa, anche i sogni, sapendo che più sciocche saranno le sciocchezze che scrive, e più troverà consenso nella maggioranza, cioè in tutti gli stolti e ignoranti.

Che importa il disprezzo di tre dotti, ammesso che le leggano? e che peso può avere il giudizio di così pochi sapienti, se a contrastarlo c'è una folla così sconfinata?
Ma ancora più avveduti si rivelano coloro che pubblicano, spacciandoli per propri, gli scritti altrui e valendosi dell'apparenza trasferiscono sulla pro-

pria persona una gloria che è frutto del faticoso impegno d'altri; fidano su questo, che se anche saranno accusati di plagio, tuttavia, per qualche tempo, avranno tratto vantaggio dall'inganno.

Vale la pena di vedere come sono soddisfatti di sé quando la gente li elogia, quando li segna a dito nella folla: "E lui! lo scrittore famoso!"; quando i loro libri stanno in mostra in libreria, quando in cima a ogni pagina si leggono quei tre nomi, soprattutto se stranieri e con un sapore di magia.

Ma cosa sono poi, buon Dio, se non dei nomi? E quanto pochi saranno a conoscerli, se si pensa a quant'è grande il mondo; e meno ancora, poi, saranno a lodarli, perché anche gli ignoranti hanno gusti diversi.

Che dite degli stessi nomi, non di rado fittizi e tratti dai libri degli antichi? Chi si compiace di chiamarsi Telemaco, chi Steleno o Laerte; chi Policrate e chi Trasimaco, tanto che ormai potremmo benissimo chiamarli camaleonte o zucca, oppure indicare i libri con le lettere dell'alfabeto, secondo l'uso dei filosofi.

Eppure più di tutto diverte vederli, sciocchi e ignoranti come sono, impegnati a scambiare con altri, sciocchi e ignoranti come loro, lettere e versi elogiativi, encomi. In questi scambi di lodi, chi diventa un

Alceo e chi un Callimaco; chi è superiore a Cicerone e chi più dotto di Platone. A volte, per accrescere nella gara la loro fama, creano un avversario, e "il pubblico, incerto, non sa quale partito prendere", finché ne escono tutti vittoriosi e lasciano il campo da trionfatori.

I saggi ridono di queste cose come di solenni sciocchezze, e tali sono.

Chi lo nega? Ma intanto, per merito mio, quelli se la godono e non scambierebbero i loro trionfi neppure con quelli degli Scipioni. Gli stessi dotti, del resto, mentre ridono divertendosi un mondo e godono della follia altrui, contraggono anch'essi con me un gran debito; né possono negarlo, se non sono proprio degl'ingrati.

51 Fra gli eruditi il primo posto spetta ai giureconsulti, e nessuno più di loro è soddisfatto di sé quando, impegnati in una fatica di Sisifo, formulano leggi a migliaia, non importa a qual proposito, e aggiungendo glosse a glosse, pareri a pareri, fanno in modo da presentare lo studio del diritto come il più difficile fra tutti. Attribuiscono infatti titolo di nobiltà a tutto ciò che costa fatica.

Accanto ai giuristi collochiamo i dialettici e i sofisti, una genìa più loquace dei bronzi di Dodona: uno qualunque di loro potrebbe gareggiare in fatto di chiacchiera con venti donne di prima scelta. Meglio per loro sarebbe, se fossero soltanto chiacchieroni, e non anche litigiosi al punto di polemizzare con estrema tenacia per questioni di lana caprina e da trascurare spesso, nella foga della contesa, i diritti della verità. Pieni di sé come sono, godono ugualmente quando, armati di tre sillogismi, non esitano ad attaccare lite con chiunque, a qualunque proposito. Del resto la loro pertinacia li rende invincibili, anche se il loro avversario è uno Stentore.

52 E poi ci sono i filosofi, venerandi per barba e mantello: affermano di essere i soli sapienti; tutti gli altri sono soltanto ombre inquiete. Ma com'è bello il loro delirio quando costruiscono mondi innumerevoli; quando misurano, quasi col pollice e il filo, il sole, la luna, le stelle, le sfere; quando rendono ragione dei fulmini, dei venti, delle eclissi e degli altri fenomeni inesplicabili, senza la minima esitazione, come se fossero a parte dei segreti della natura artefice delle cose, come se venissero a noi dal consiglio degli Dèi!

La natura, intanto, si fa le grandi risate su di loro e sulle loro ipotesi. A dimostrare che nulla sanno con certezza, basterebbe quel loro polemizzare sulla spiegazione di ogni singolo fenomeno. Loro, pur non sapendo nulla, affermano di sapere tutto; non conoscendo se stessi e non accorgendosi, a volte, della buca o del sasso che hanno sotto il naso, o perché in molti casi ci vedono poco, o perché sono altrove con la testa, sostengono di vedere idee, universali, forme separate, materie prime, quiddità, ecceità, e cose tanto sottili da sfuggire, credo, persino agli occhi di Linceo.

Disprezzano in particolare il profano volgo, quando confondono le idee agli ignoranti con triangoli, quadrati, circoli, e figure geometriche siffatte, disposte le une sulle altre a formare una specie di labirinto, e poi con lettere collocate quasi in ordine di battaglia e variamente manovrate. né mancano, fra loro, quelli che, consultando gli astri, predicono l'avvenire promettendo miracoli che vanno al di là della magia; e, beati loro, trovano anche chi ci crede.

53 Quanto ai teologi, forse meglio farei a non parlarne, evitando di suscitare un vespaio e di toccare quest'erba puzzolente, perché, altezzosi e litigiosi come sono, non abbiano ad assalirmi a schiere con centinaia di argomenti, costringendomi a fare ammenda. Se mi rifiutassi, mi accuserebbero senz'altro di eresia, questo essendo il fulmine con cui di solito atterriscono chi non gode le loro simpatie.

Eppure, ancorché siano i meno propensi a riconoscere i miei meriti nei loro confronti, anche loro, e di non poco, mi sono debitori.

Infatti devono a me quell'alta opinione di sé che li rende felici, come se il terzo cielo fosse la loro dimora, e li induce a guardare dall'alto in basso con una sorta di commiserazione tutti gli altri mortali, quasi animali che strisciano a terra, mentre loro, trincerati dietro un valido esercito di magistrali definizioni, conclusioni, corollari, proposizioni esplicite ed implicite, a tal segno abbondano di scappatoie da poter sfuggire anche alle reti di Vulcano con distinzioni che recidono ogni nodo con una facilità che neppure la bipenne di Tenedo possiede, inesauribili nel coniare termini nuovi e parole rare. Spiegano inoltre, a modo loro, gli arcani misteri, i criteri che sono a base della creazione e dell'ordinamento del mondo; per quali vie la macchia del peccato si è trasmessa di generazione in generazione; in che modo, in che misura e in quanto tempo Cristo si è formato nel grembo della Vergine; come nell'Eucaristia ci possono essere gli accidenti senza la materia.

Ma queste sono cose risapute. Altre le questioni che ritengono degne dei teologi grandi e illuminati – così li chiamano. Quando se le trovano di fronte si esaltano: "Qual è l'istante della generazione divina? ci sono più filiazioni in Cristo? è sostenibile la proposizione "Dio Padre odia il Figlio"? avrebbe potuto Dio assumere figura di donna, di demonio, di asino, di zucca, di pietra? In caso affermativo, come la zucca avrebbe potuto predicare, fare miracoli, essere messa in croce? che cosa avrebbe consacrato Pietro, se avesse consacrato mentre Cristo pendeva dalla croce? e poteva Cristo, in quel medesimo tempo, essere chiamato uomo? Infine, dopo la resurrezione, potremo mangiare e bere?".

Della fame e della sete, infatti, costoro si preoccupano fino da ora. Innumerevoli poi le sottigliezze, anche molto più sottili di queste, circa le nozioni, le relazioni, le formalità, le quiddità, le ecceità, che sfuggirebbero agli occhi di tutti, fatta eccezione di un novello Linceo capace di vedere nelle tenebre più profonde anche le cose che non sono in nessun luogo. Aggiungi sentenze così paradossali che i famosi oracoli stoici, detti appunto paradossi, sembrano al confronto luoghi comuni dei più rozzi e banali. Per esem-

pio, che accomodare una volta la scarpa di un povero nel giorno del Signore è delitto più grave che
strangolare mille uomini; che dire una volta tanto
una sola bugia, per quanto piccina, è più grave che
lasciare andare in malora il mondo intero con tutta
la sua dovizia di cose utili e belle. A rendere ancora
più sottili queste sottilissime sottigliezze ci sono le
tante vie battute dagli scolastici, ché usciresti prima dai labirinti che non dalle oscure tortuosità di
realisti, nominalisti, tomisti, albertisti, occamisti,
scotisti; e non ho nominato tutte le scuole, ma solo
le principali.

In tutte c'è tanta erudizione, tanta astrusità, che, secondo me, persino gli Apostoli, se si trovassero a dover discutere con questi teologi di nuovo genere, avrebbero bisogno di un secondo

Spirito Santo. Paolo poté dimostrare la sua fede, ma quando dice che "la fede è sostanza di cose sperate, e argomento delle non parventi", dà una definizione manchevole dal punto di vista dottrinale. Proprio Paolo, che in modo eccellente fece professione di carità, ne dette, nel capitolo tredicesimo della prima epistola ai Corinzi, un'analisi ed una definizione difettose in sede dialettica. Gli Apostoli, certamente, celebravano l'Eucaristia con la dovuta pietà. Non credo però che, interrogati sul termine A QUO e sul termine AD QUEM, sulla transubstanziazione, sull'ubiquità di un medesimo corpo; sulla differenza tra il corpo di Cristo in cielo, sulla croce e nel sacramento dell'Eucaristia; sull'istante in cui avviene la transubstanziazione, dovuta com'è ad una formula composta di più parole distinte, e quindi a una quantità discreta in divenire: non credo, ripeto, non credo che, nel discutere e nel definire, gli Apostoli avrebbero raggiunto la sottigliezza degli scotisti.

Avevano conosciuto la madre di Gesù; ma chi di loro dimostrò, con l'ineccepibile metodo filosofico dei nostri teologi, come rimase immune dalla macchia del peccato di Adamo? Pietro ha ricevuto le chiavi, e le ha ricevute da colui che non le darebbe a un indegno; e tuttavia non so se avrebbe capito – certo non ne ha mai colto la sottigliezza – la questione del come possa possedere la chiave della scienza anche chi non ha la scienza.

Gli Apostoli battezzavano in ogni luogo; tuttavia non hanno mai insegnato quale sia la causa formale, materiale, efficiente e finale del battesimo, né mai hanno fatto menzione del suo carattere delebile e indelebile. Gli Apostoli adoravano, sì, Dio, ma in spirito, attenendosi unicamente al principio evangelico: "Dio è spirito, e chi lo adora deve adorarlo in spirito e verità". Non pare tuttavia sia stato ad essi ben chiaro che dobbiamo adorare Cristo allo stesso modo, sia in persona che in una sua immagine scarabocchiata col carbone sul muro, purché vi appaia con due dita levate, i capelli lunghi e tre raggi nell'aureola che gli cinge la nuca.

Come si possono cogliere queste finezze, se prima non ci si è dedicati anima e corpo, per almeno trentasei anni, alla fisica e alla metafisica di Aristotele e di Duns Scoto? Allo stesso modo gli Apostoli parlano della grazia, ma non fanno mai distinzione fra grazia gratuita e grazia gratificante.

Esortano alle opere buone, ma non distinguono fra opera operante e opera operata. Dappertutto insistono sulla carità, ma non distinguono fra carità infusa e carità acquisita, né spiegano se sia sostanza o accidente, cosa creata o increata.

Detestano il peccato, ma possa io morire se sono riusciti a definire cosa sia quello che diciamo peccato; per questo avrebbero dovuto formarsi alla scuola degli scotisti. L'insegnamento di Paolo può essere preso come punto di riferimento per giudicare di tutti gli Apostoli; ebbene, io non potrei mai indurmi a credere che egli avrebbe così spesso condannato le questioni, le discussioni, le genealogie e quelle che chiamava logomachìe, se fosse stato un esperto nell'argomentare.

E sì che le dispute dei suoi tempi erano senz'altro roba da ridere in confronto alle sottigliezze dei nostri maestri che potrebbero dare punti a Crisippo. Anche se poi questi maestri, nella loro grande modestia, quando gli Apostoli hanno scritto una cosa in forma disadorna, e, certo, non magistrale, non la condannano, ma ne offrono un'accettabile interpretazione.

Quest'onore tributano in parte all'antichità, in parte all'autorità degli Apostoli. Del resto, sarebbe stata, per Ercole, una bella ingiustizia pretendere la conoscenza di cose tanto difficili da chi non ne aveva mai sentito far parola dal maestro. Se però la cosa si verifica in Crisostomo, in Basilio, in Girolamo, ritengono sia sufficiente annotare: "affermazione respinta". Eppure si tratta di autori che confutarono i pagani, i filosofi, gli ebrei, per loro natura ostinatissimi; lo fecero con la vita e coi miracoli più che con i sillogismi. D'altra parte nessuno dei loro avversari sarebbe stato in grado di capire neppure una delle "questioni quodlibetali" di Scoto.

Al giorno d'oggi, qual mai pagano, qual mai eretico non si darebbe senz'altro per vinto di fronte a tante capillari sottigliezze? Bisognerebbe fosse tanto ignorante da non capirci nulla, o tanto privo di ritegno da scoppiare in sconce risate; o, infine, così esperto in quei medesimi cavilli da combattere ad armi pari: un mago di fronte a un mago, o un duello fra due avversari armati entrambi di una spada incantata: tutto si ridurrebbe a tessere e ritessere la tela di Penelope.

Secondo me i cristiani darebbero prova di un gran buon senso se, invece delle rozze armate che ormai da un pezzo combattono con esito incerto, inviassero contro i Turchi gli scotisti coi loro grandi schiamazzi, gli occamisti così ostinati, gl'invitti albertisti, e con essi l'intera banda dei sofisti: assisterebbero, credo, alla più divertente delle battaglie e a una vittoria mai vista prima.

Chi, infatti, potrebbe essere tanto freddo da resistere ai loro strali infuocati? chi tanto torpido da non esserne stimolato? chi tanto avveduto da non restarne accecato?

scuole vanno propinando ai discepoli simili sciocchezze, credono di essere loro a salvare da certa rovina la Chiesa universale sostenendola con la forza
dei loro sillogismi, come il mitico Atlante sostene-
va con le spalle il mondo.

E vi pare poco gratificante por mano ai misteri delle
Scritture plasmandole a piacere, ora in questa ora
in quella guisa, come fossero cera? Esigere che le
proprie conclusioni, già accettate da un certo numero di scolastici, siano ritenute più importanti

delle leggi di Solone e addirittura da anteporre ai decreti dei pontefici? Se poi qualcosa non coincide a capello con le loro conclusioni esplicite e implicite, come fossero i censori del mondo, ne impongono la ritrattazione e, come se parlasse l'oracolo, sentenziano: "Proposizione scandalosa"; "proposizione irriverente"; "questa odora di eresia"; "questa suona male". Per fare un cristiano non basta più il battesimo, né il Vangelo, né Pietro, né Paolo, né san Girolamo, né sant'Agostino; addirittura non basta neppure Tommaso, il principe degli aristotelici.
Ci vuole anche il voto di questi baccellieri, così sottili nel giudicare. Chi, infatti, senza l'insegnamento di questi sapienti, si sarebbe mai accorto che non era cristiano chi riteneva ugualmente corrette queste due proposizioni: "vaso da notte, tu puzzi" e "il vaso da notte puzza"; oppure: "bolle la pentola" e "la pentola bolle"?
Chi avrebbe liberato la Chiesa da così gravi errori, di cui nessuno si sarebbe mai accorto, se costoro non li avessero denunciati col sigillo della loro alta autorità? E non saranno al colmo della gioia mentre fanno tutto ciò? o quando ritraggono con molta esattezza il mondo infernale come se per molti anni fossero stati cittadini di quella repubblica? o quando fabbricano a capriccio nuove sfere celesti, crean-

done infine una più grande di tutte, più bella, perché le anime beate abbiano agio di passeggiarvi, di banchettare e anche di giocare a palla? A tal segno la loro testa è infarcita di una miriade di sciocchezze del genere che, secondo me, nemmeno quella di Giove era così gonfia quando, sul punto di partorire Minerva, chiese a Vulcano di tirare un bel colpo di

scure. Perciò non vi stupite quando nelle pubbliche dispute li vedete con la testa così accuratamente imberrettata: se no, scoppierebbe.

A volte, anch'io rido del fatto che, quanto più il loro linguaggio è barbaro e rozzo, tanto più si credono grandi teologi, e in quel balbettare, comprensibile solo da un altro balbuziente, loro chiamano finezza

infatti che sia compatibile con la dignità delle sacre lettere sottomettersi alle leggi della grammatica. Mirabile maestà, invero, quella dei teologi, se a loro soli è lecito costellare di spropositi il discorso, anche se poi hanno in comune questo privilegio con molti ignoranti. Infine si ritengono ormai vicinissimi agli Dèi quando vengono salutati con venerazione quasi religiosa, e chiamati maestri nostri. Credono presente in quell'appellativo qualcosa di simile al tetragramma degli ebrei. Perciò considerano un'empietà non scrivere "Magister noster" tutto in lettere maiuscole. Se poi qualcuno, invertendo, dicesse "noster Magister", di colpo annullerebbe la maestà del nome teologico.

54 Quasi altrettanto felici, sono quelli che comunemente si fanno chiamare religiosi e monaci, usando, in entrambi i casi, denominazioni quanto mai false. Per buona parte, infatti, sono mille miglia lontani dalla religione; e nessuno s'incontra in giro più di questi pretesi solitari. Non vedo che cosa potrebbe esserci di più miserando di loro, se non ci fossi io a soccorrerli in tanti modi. perché, pur essendo questa genìa a

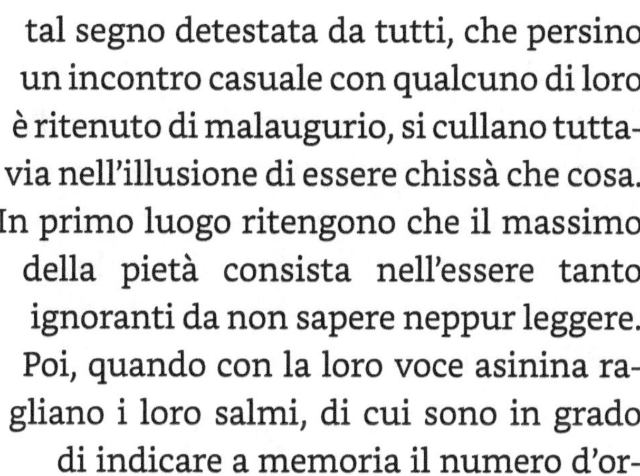

tal segno detestata da tutti, che persino un incontro casuale con qualcuno di loro è ritenuto di malaugurio, si cullano tuttavia nell'illusione di essere chissà che cosa. In primo luogo ritengono che il massimo della pietà consista nell'essere tanto ignoranti da non sapere neppur leggere. Poi, quando con la loro voce asinina ragliano i loro salmi, di cui sono in grado di indicare a memoria il numero d'ordine senza peraltro capirli, sono convinti d'accarezzare in modo dolcissimo le orecchie degli Dèi. Neppure mancano quelli che vendono a caro prezzo il loro sudiciume e l'andare in giro mendicando: dinanzi alle porte chiedono il pane emettendo muggiti lamentosi; non c'è albergo, non veicolo o nave in cui non portino scompiglio con non piccolo danno degli altri mendicanti. Cosi, queste carissime persone, dicono di darci un'immagine degli Apostoli con la loro sporcizia, ignoranza, rozzezza, impudenza.

E cosa c'è di più divertente del loro fare tutto secondo una regola, quasi in base a un calcolo matematico che sarebbe delittuoso violare? Quanti nodi deve avere il sandalo; di che colore deve essere il cordone; quale il modello della veste; di cosa deve essere fatta, e di quale larghezza la cintura; di che tipo e di che capacità il cappuccio; quale la precisa misura della chierica; quante ore vanno concesse al sonno? Eppure, quanta diversità, chi non lo vede, in questa uguaglianza imposta a corpi e temperamenti così vari! Tuttavia, per queste sciocchezzuole, non solo si considerano superiori agli altri, ma anche fra di loro si disprezzano a vicenda e, pur professando la carità apostolica, fanno un'autentica tragedia di una cintura diversa o di un colore un po' più scuro. Ne potresti vedere di così rigidamente attaccati alla regola da portare esclusivamente vesti di lana di Cilicia, e bianche-

ria di lino di Mileto; altri, al contrario, portano vesti di lino e biancheria di lana. C'è chi, odiando toccare il danaro come fosse veleno, non si astiene comunque né dal vino né dalle donne. Infine, mirabile in tutti, la cura di non avere nulla in comune quanto a regola di vita, e questo, non nell'intento di guardare a Cristo, ma per distinguersi tra di loro.

Buona parte della loro soddisfazione deriva dai nomi: gli uni si compiacciono del nome di Cordiglieri, distinti in Coletani, Minori, Minimi, Bollisti; altri godono del nome di Benedettini, o di Bernardini; questi di Brigidensi, quelli di Agostiniani; gli uni tengono alla denominazione di Guglielmiti, altri di Giacobiti, come se chiamarsi Cristiani fosse troppo poco. Gran parte di costoro, a tal punto dà peso alle proprie cerimonie e a minute tradizioni umane, da ritenere che un solo cielo non sia premio adeguato a meriti così grandi; e non pensano che Cristo, non facendo alcun conto del resto, chiederà loro se hanno osservato il suo unico precetto: la carità. Allora uno esibirà il pancione gonfio di pesci d'ogni specie; un altro rovescerà al suo cospetto centinaia di moggi di salmi.

Un altro ancora farà il conto degli infiniti digiuni; se poi tante volte ha rischiato di scoppiare, è stato per quell'unico pasto che si concedeva... dopo.

Altri ancora mostrerà il mucchio delle cerimonie a cui ha partecipato, tanto greve che a malapena potrebbero trasportarlo sette navi da carico. Qualcuno si vanterà di avere oltrepassato i sessant'anni senza toccare denaro, se non con le mani protette da due paia di guanti. Chi produrrà la cocolla tanto sporca e grassa che neanche un marinaio se ne gioverebbe. Chi ricorderà di avere fatto per più di undici anni la vita dell'ostrica, sempre attaccato allo stesso luogo; e chi si farà un merito della voce divenuta rauca per l'ininterrotto cantare, o del rimbecillimento derivato dalla vita solitaria; altri ancora della lingua resa torpida dal voto del silenzio. Ma Cristo, interrompendo queste vanterie che altrimenti rischierebbero di non finire più, "Di dove viene, dirà, questa nuova schiatta di Giudei? Riconosco per mia una legge sola, e solo di questa non si fa parola. Pure, una volta, con aperto linguaggio, e non in forma di parabola, ho promesso l'eredità del padre mio non alle cocolle, non alle giaculatorie ed ai digiuni, ma alle opere di carità. Non conosco questa gente che esalta continuamente i propri meriti; dato che vorrebbero sembrare anche più santi di me, occupino, se vogliono, i cieli dei seguaci di Abraxas, o si facciano edificare un nuovo cielo da coloro le cui meschine tradizioni anteposero ai miei precetti".

Quando sentiranno queste parole, e si vedranno preferire marinai e aurighi, con che faccia credete che si guarderanno a vicenda?
Nel frattempo si beano della loro speranza, e non senza mio merito. E poi, benché lontani dalla vita pubblica, nessuno osa disprezzarli, i mendicanti in particolare, perché attraverso la cosiddetta confessione conoscono senza eccezione i segreti di tutti. Rivelarli, tuttavia, secondo loro, è peccato, salvo dopo una bevuta, quando vogliono dilettarsi di qualche racconto più divertente; ma anche allora raccontano i fatti solo in via ipotetica, senza far nomi. Se però qualcuno irrita questi calabroni, predicando al popolo,

se ne vendicano a misura di carbone, e bollano il nemico con allusioni tanto scoperte da essere capite da tutti, salvo da chi non capisce proprio nulla. né la smettono di latrare, se prima non gli hai gettato il boccone in bocca.

Eppure, quale commediante, quale ciarlatano andresti a vedere a preferenza di costoro, quando nella predica s'esibiscono in tirate retoriche che, pur nella loro assoluta ridicolaggine, s'attengono nel modo più spassoso alle norme sull'arte del dire tramandate dai maestri? Dio immortale! come gesticolano! E come cambiano voce! E come canterellano! Come si spenzolano verso l'uditorio e come mutano espressione! come punteggiano tutto con urla! Quest'arte oratoria viene trasmessa come un segreto da un fraticello all'altro: sebbene non mi sia concesso di venirne a conoscenza, tenterò comunque di procedere per congetture.

Scimmiottando i poeti, cominciano con un'invocazione. Poi, se devono parlare, poniamo, della carità, prendono le mosse dal Nilo, fiume d'Egitto.

Se invece devono trattare del mistero della Croce, prendono opportunamente gli auspici da Bel, drago di Babilonia.

Se si preparano a predicare sul digiuno, si rifanno ai dodici segni dello Zodiaco e, se l'oggetto del loro discorso è la fede, premettono una lunga introduzione sulla quadratura del cerchio. Ho sentito con le mie orecchie un esimio stupido, scusate, volevo dire dotto, che, in una predica famosissima, dovendo spiegare il mistero della Trinità, volendo fare cosa che suonasse gradita all'orecchio dei teologi, e mettere al tempo stesso in mostra la sua non comune dottrina, si dette a battere una strada affatto nuova. Partì dalle lettere dell'alfabeto, dalle sillabe, dal discorso, dalla concordanza del nome col verbo e dell'aggettivo col sostantivo, tra la meraviglia dei più, anche se non mancava qualcuno che borbottava tra sé le parole d'Orazio: "ma a cosa approdano queste scemenze?".

Finalmente arrivò al punto di dimostrare che l'immagine di tutta la Trinità scaturisce dai rudimenti

grammaticali in modo tale che nessun matematico potrebbe disegnarla con più evidenza nella polvere. E nel comporre questa orazione, quel teologo
principe per otto mesi interi aveva faticato tanto,
che anche oggi è più cieco di una talpa, senza dubbio per avere consumato tutta la forza degli occhi

nella suprema tensione della mente. Eppure non si lamenta della cecità: crede anzi di avere raggiunto il successo con poca spesa.

Ho ascoltato un altro ottuagenario, un teologo di tale statura che lo avresti detto Duns Scoto redivivo. Dovendo spiegare il mistero del nome di Gesù, con mirabile sottigliezza dimostrò che tutto quanto se ne poteva dire era nascosto nelle lettere stesse che lo componevano. perché il fatto che la sua declinazione abbia tre casi soli è segno manifesto della divina Trinità. Il mistero ineffabile poi, sta nel fatto che il primo caso, JESUS, termina in sé il secondo, JESUM, in M, il terzo, JESU, in U: quelle tre lettere significano che è sommo, medio e ultimo. Restava un mistero anche più ostico, da risolversi col calcolo matematico. Divise la parola Jesus in due parti uguali, in modo che una lettera, in mezzo, restasse divisa in due. Disse che quella lettera per gli Ebrei è SYN, che in lingua scozzese, credo, voglia dire peccato: di qui risulta manifesto che Gesù è colui che redime il mondo dai peccati. Per l'originalità dell'esordio tutti rimasero a bocca aperta, i teologi in particolare, sì che per poco non toccò loro la sorte di Niobe; mentre a me quasi successe come al Priapo di legno di fico che, con suo grave danno, si trovò ad assistere ai riti notturni di Canidia e di Sagana. E non a torto. Infatti, quando mai il greco Demostene, o il latino Cicerone, sono andati ad escogitare un simile esordio? Essi ritenevano difettoso un proemio che troppo si scostasse dal tema: neanche i bifolchi, che hanno la natura per guida, esordiscono così. Ma questi dotti ritengono che il loro preambolo – così lo chiamano – raggiunga il massimo della potenza retorica quando proprio non ha nulla a che fare col resto del discorso, tanto che chi ascolta meravigliato finisce col dire tra sé: "ma dove si va a finire?".

In terzo luogo commentano, tirandone fuori un raccontino, qualche breve passo del Vangelo, ma frettolosamente e quasi incidentalmente, mentre questo solo era il punto da sviluppare. In quarto luogo, cambiando parte in commedia, sollevano un problema teologale, che talvolta non sta né in cielo né in terra. Anche questo ritengono conforme alle regole dell'arte.

Qui finalmente assumono piglio teologico, riempiendo gli orecchi degli ascoltatori di famosi nomi di dottori solenni, dottori sottili, dottori sottilissimi, dottori serafici, dottori santi, dottori irrefragabili. Allora sbandierano davanti ad una folla ignorante sillogismi, maggiori, minori, conclusioni, corollari, supposizioni e altre sciocchezze prive di mordente e decisamente scolastiche.

Resta ormai il quinto atto, in cui l'artista deve rivelarsi in tutta la sua bravura. A questo punto tirano in ballo una qualche rozza e sciocca storiella, tolta, penso, dallo **SPECULUM HISTORIALE** o dai **GESTA ROMANORUM**, e ne offrono un'interpretazione allegorica, tropologica, ed anagogica. Così portano a compimento la loro Chimera, qualcosa che neppure Orazio riusciva a immaginare quando scriveva: "aggiungete ad una testa d'uomo, ecc.".

Da non so chi, hanno poi sentito dire che l'inizio

dell'orazione deve essere basso di tono. Perciò cominciano con una voce così bassa che neanche loro la sentono, come se il parlare servisse quando nessuno capisce. Hanno anche imparato che, a volte, per suscitare emozioni, è opportuno erompere in un grido. Perciò, a metà di un discorso concitato,

senza il minimo bisogno. Quegli scoppi di voce che nulla giustifica ti farebbero giurare di trovarti davanti a casi da trattare con l'elleboro. Inoltre, avendo appreso che il discorso deve animarsi via via che procede, quando, bene o male, hanno esaurito l'inizio delle singole parti, a un tratto adottano un tono appassionato, anche se l'argomento è dei meno interessanti, e finiscono col concludere dando l'impressione di essere esausti.

Avendo infine imparato che i retori parlano del ridere, anche loro si sforzano di introdurre qualche battuta scherzosa, con una tale grazia, per Venere, con un tale senso d'opportunità, da farti dire che sono come l'asino davanti alla lira.

Talvolta mordono anche, ma in modo da provocare più solletico che ferite. né riescono mai ad adulare meglio di quando fanno mostra di non aver peli sulla lingua. Infine tutto il loro stile è tale da farti giurare che abbiano avuto per maestri i ciarlatani di piazza, restandone però molto al disotto.

Tuttavia si rassomigliano tanto da non lasciare dubbi: o i ciarlatani hanno imparato la retorica dagli oratori, o gli oratori dai ciarlatani.

Nondimeno, certo per opera mia, trovano chi, ascoltandoli, crede di trovarsi davanti a Demostene o a Cicerone in persona.

Appartengono a questo genere di uditorio soprattutto i mercanti e le donnette, le sole persone a cui si curano di parlare in modo gradito, perché i mercanti, opportunamente lisciati, sono inclini, di solito, ad elargire una piccola parte del mal tolto; mentre le donnette, oltre che per molte altre ragioni, sono ben disposte verso la categoria, soprattutto perché è loro costume attingerne conforto quando vogliono sfogare i propri malumori coniugali. Vi rendete conto, suppongo, di quel che mi deve questa specie di uomini, che esercitando tra i mortali una sorta di tirannia attraverso cerimonie da burla, ridicole sciocchezze e urla scomposte, si credono dei nuovi San Paolo e Sant'Antonio.

55 Non mi par vero di concludere, oramai: ne ho abbastanza di questi istrioni tanto ingrati nel nascondere ciò che mi devono, quanto empi nell'ostentare una finta pietà religiosa. È giunto il tempo di trattare un po', con tutta schiettezza, dei re e dei prìncipi di corte, che, come si conviene a uomini liberi, mi onorano con la massima sincerità. Se, infatti, avessero solo una briciola di senno, che vi sarebbe di più malinconico, o di meno desiderabile, della loro vita? né riterrà che valga la pena d'impadronirsi del potere con lo spergiuro o col parricidio, chiunque consideri l'entità del peso che grava sulle spalle di chi vuole essere un principe sul serio. Chi assume il potere supremo deve occuparsi degli affari pubblici, non dei propri interessi.

Deve pensare esclusivamente alla pubblica utilità; non deve scostarsi neanche di un pollice dalle leggi, di cui è autore ed esecutore; deve assicurarsi dell'integrità di tutti i funzionari e di tutti i magistrati.
Lui solo, agli occhi di tutti, può, a guisa di astro benefico, giovare enormemente alle cose di quaggiù coi suoi costumi senza macchia, oppure, come letale cometa, trarle all'estrema rovina. I vizi degli altri non sono altrettanto conosciuti e non si propagano tanto. Ma se il principe, con la posizione che occupa,

si scosta appena dalla retta via, subito la corruzione si diffonde contaminando moltissimi uomini. Inoltre poiché la condizione del principe porta con sè parecchie cose che di solito inducono a tralignare piaceri, libertà, adulazione, lusso – tanto più attentamente egli deve stare in guardia, se non vuole venir meno al proprio compito.

Infine, per non parlare di insidie, odi, e altri pericoli o timori, gli sta sopra la testa quel vero Re che quanto prima gli chiederà ragione anche della colpa più lieve, e tanto più severamente quanto più prestigioso fu il suo imperio. Se il principe riflettesse su queste cose e su moltissime altre del genere – e ci rifletterebbe se avesse senno – non dormirebbe, credo, sonni tranquilli, né riuscirebbe a gustare il cibo. Col mio aiuto, i prìncipi lasciano, ora, tutti questi motivi d'affanno nelle mani degli Dèi, e se la spassano porgendo orecchio solo a chi sa dire cose gradevoli, perché una punta d'ansia non abbia mai a levarsi dal fondo del cuore.

Ritengono di avere compiuto in ogni suo aspetto il dovere di un principe, se vanno sempre a caccia, se allevano bei cavalli, se mettono in vendita per trarne un utile magistrature e prefetture, se ogni giorno escogitano nuovi stratagemmi per alleggerire i cittadini delle loro sostanze, facendole confluire nel loro tesoro privato: ma trovando dei pretesti, tanto da conferire una qualche apparenza di giustizia anche alla peggiore iniquità. E per conquistare comunque le simpatie popolari aggiungono qualche parola di adulazione. Dovete immaginare un uomo, come se ne vedono a volte, ignaro delle leggi, quasi nemico del pubblico bene, tutto preso dai suoi interessi privati, dedito ai piaceri, con un'autentica avversione per la cultura, la libertà e la verità, che non si cura minimamente della salvezza dello Stato, che adotta come unità di misura le proprie voglie e il proprio tornaconto. Mettetegli al collo una collana d'oro, simbolo della presenza in lui di tutte le virtù riunite; mettetegli in testa una corona ornata di gemme che lo richiami al suo dovere di superare gli altri in tutte le virtù eroiche.

Dategli lo scettro che simboleggia la giustizia e la cristallina purezza dell'animo, e infine la porpora a significare il suo straordinario amore per lo Stato.

Se un principe paragonasse questi ornamenti simbolici col suo genere di vita, credo che finirebbe col provare solo vergogna della sua pompa, e col temere che qualche critico salace non si prendesse gioco di lui volgendo in beffa questo apparato scenico.

56 Che dirò dei cortigiani più segnalati? Benché nulla vi sia di più strisciante, di più servile, di più sciocco, di più spregevole di loro, vogliono tuttavia essere ovunque al primo posto. In una cosa sola sono modesti all'estremo: paghi di portarsi addosso oro, gemme, porpora ed altre insegne della virtù e della sapienza, lasciano sempre agli altri il privilegio di praticarle. Si ritengono molto fortunati perché possono chiamare "mio signore" il re, perché hanno imparato un saluto di tre parole, perché sanno intercalare titoli onorifici: Serenità, Maestà, Magnificenza; perché sono abilissimi nel deporre ogni pudore quando si tratta di ricorrere a complimenti adulatori.

Queste, infatti, sono le arti di un vero nobile, di un vero uomo di corte. Del resto, se vai a guardare più da vicino il loro costume di vita, troverai degli autentici Feaci, dei pre-

tendenti di Penelope – il resto del verso lo conoscete, e l'Eco ve lo ripete meglio di me. Dormono fino
a mezzogiorno, mentre un pretonzolo stipendiato
aspetta accanto al letto per celebrare la messa alla
svelta quando ancora sonnecchiano.
Poi la colazione e, a mala pena terminata, è già ora
di pranzo. Dopo pranzo i dadi, gli scacchi, le lotterie,
i buffoni, i parassiti, le cortigiane, i giochi, le insul-
saggini. Nel frattempo un alternarsi di merende. Di
nuovo a tavola, si cena; a questa seguono i brindisi,
non uno solo, per Giove. E così, senz'ombra di noia,
passano le ore, i giorni, i mesi, gli anni, i secoli. Io
stessa, a volte, mi allontano col voltastomaco quando li vedo, quei magnanimi, in mezzo alle donne,
ognuna delle quali si crede tanto più vicina all'O-
limpo quanto più lunga ha la coda, mentre i grandi
fanno a gomitate per mostrarsi più vicini a Giove,
e ognuno tanto più è beato quanto più pesante ha
la catena al collo, segno manifesto, non solo di ricchezza, ma anche di robustezza.

57 Già da un pezzo i sommi pontefici, i
cardinali ed i vescovi hanno preso con
impegno a modello il genere di vita dei
prìncipi, e con un successo forse maggiore. Certo,

se uno riflettesse sul significato della veste di lino, splendida di niveo candore, simbolo d'una vita senza macchia; e pensasse a quello della mitra a due punte riunite in un solo nodo, a indicare una perfetta conoscenza del Vecchio e del Nuovo Testamento; o delle mani coperte dai guanti, segno della purezza, immune da ogni umano cedimento, con cui vengono somministrati i sacramenti; se si chiedesse che vuol dire il pastorale, simbolo della cura estrema con cui si veglia sul proprio gregge; che cosa la croce che precede indicando la vittoria su tutte le umane passioni; se, dico, uno riflettesse a queste cose, e a molte altre del genere, che vita sarebbe la sua, piena di malinconie e di affanni!

Bene fanno quelli che pensano soltanto ad ingozzarsi, e la cura del gregge, o la rimettono a Cristo medesimo, o la scaricano su coloro che chiamano fratelli o vicari.

Del significato del loro nome di vescovi neppure si ricordano: vescovo vuol dire fatica, preoccupazione, sollecita premura. Vescovi sono sul serio nell'arraffare quattrini: in questo la loro vigilanza è tutta occhi.

58 Altrettanto dicasi dei cardinali, che dovrebbero ricordarsi che sono i successori degli Apostoli, e che da loro si esigono le stesse opere: non padroni, ma amministratori dei beni spirituali, di cui tra breve dovranno rendere conto con la massima precisione. Riflettessero un po' anche al loro paludamento e si chiedessero: che significa il candore della cotta se non estrema e rara purezza di vita? Che cosa la porpora che la cotta ricopre, se non ardentissimo amore di Dio? Che cosa l'ampio mantello che con le sue pieghe fluenti ricopre tutta la cavalcatura di sua Eminenza, e che basterebbe a coprire anche un cammello? Non significa forse la carità che ovunque si diffonde per venire in aiuto a tutti, cioè per insegnare, esortare, consolare, rimproverare, ammonire, risolvere i conflitti e per opporsi ai prìncipi malvagi? Non significa il generoso sacrificio, non solo delle proprie ricchezze, ma anche del proprio sangue, per amore del gregge? A che scopo le ricchezze, se i cardinali fanno le veci degli Apostoli, che erano poveri? Se riflettessero su queste cose, dico, terrebbero poco alla carica: deporla sarebbe un piacere; oppure si sobbarcherebbero una vita tutta presa da cure travagliate, alla maniera degli antichi Apostoli.

59 Ora è la volta dei sommi pontefici, che fanno le veci di Cristo. Nessuno più di loro si troverebbe a soffrire, se tentassero di imitarne la vita: povertà, travagli, dottrina, croce, disprezzo del mondo; se pensassero al loro nome PAPA, cioè padre, e alla loro qualifica di SANTISSIMO!

Chi mai spenderebbe tanto per comprarsi quel posto da difendere poi con la spada, col veleno, con tutte le forze? A quanti vantaggi dovrebbero dire addio, se la saggezza riuscisse appena a farsi sentire! Ma che dico, saggezza?

Dovrei dire un grano di quel sale menzionato da Cristo. Addio a tante ricchezze, a tanti onori, e a tanto potere, a tante vittorie, a tante cariche, a tante dispense, a tante imposte, a tante indulgenze, e a tanti cavalli, muli, servi e piaceri.

Guardate un po' che mercato, che razza di messe rigogliosa, che mare di ricchezze ho concentrato in poche parole! Al loro posto veglie, digiuni, lacrime, preghiere, prediche, studio, sospiri e mille gravose occupazioni del genere. Ancora – particolare non trascurabile – sarebbero ridotti alla fame tanti scrivani, copisti, notai, avvocati, promotori, segretari, mulattieri, palafrenieri, banchieri, ruffiani – e stavo per aggiungere un'espressione più sguaiata, ma temo che offenda l'orecchio, insomma, una così folta schiera che costituisce l'onere – è un LAPSUS, volevo dire l'onore – della curia romana. Sarebbe proprio inumano, anzi un delitto abominevole! ma sarebbe molto peggio riportare al bastone e alla bisaccia quei sommi prìncipi della Chiesa, che sono la vera luce del mondo.

Ora, se fatiche ci sono, si lasciano a Pietro e a Paolo che di tempo libero ne hanno tanto, e si mantengono per sé la gloria e il piacere, quando ci sono. Così, col mio aiuto, non c'è quasi nessuno che più di loro faccia, in perfetta tranquillità, una gran bella vita; convinti di avere assolto in pieno i doveri verso Cristo, se adempiono alla loro funzione di vescovi con un apparato rituale che ha movenze da palcoscenico, con cerimoniali e profusione di titoli: beatitudine, reverenza, santità; e benedizioni e anatemi. Non si usa più far miracoli: roba d'altri tempi. Insegnare ai fedeli è faticoso; interpretare le Sacre Scritture è lavoro da farsi a scuola; pregare è una perdita di tempo; spargere lacrime è misero e femmineo; vivere in povertà è spregevole.

Turpe la sconfitta e indegna di chi a mala pena ammette il re al bacio dei suoi piedi beati: infine, spiacevole la morte, e infamante la morte sulla croce.

Rimangono solo le armi e le "dolci benedizioni" di cui parla san Paolo, e di cui fanno uso con tanta larghezza: interdetti, sospensioni, condanne aggravate, anatemi, esposizione di ritratti a titolo di vergogna, e quella tremenda folgore con cui, a un cenno del capo, mandano le anime dei mortali all'inferno e oltre.

Di quella folgore, i santissimi padri in Cristo, e di Cristo vicari, si servono col massimo della violenza, soprattutto contro coloro che, per diabolico impulso, tentano di rimpicciolire e rosicchiare il patrimonio di Pietro.

Benché le parole dell'Apostolo nel Vangelo siano: "Abbiamo abbandonato tutto e ti abbiamo seguito", essi identificano il patrimonio di Pietro con i campi, le città, i tributi, i dazi, il potere. E mentre, accesi dall'amore di Cristo, combattono per queste cose col ferro e col fuoco, non senza grandissimo spargimento di sangue cristiano, credono di difendere apostolicamente la Chiesa, sposa di Cristo, annientando da valorosi quelli che chiamano i nemici. Come se la Chiesa avesse nemici peggiori dei pontefici empi; di Cristo non fanno parola: fosse per loro, svanirebbe nell'oblio; legiferando all'insegna dell'avidità, lo mettono in catene; con le loro interpretazioni forzate ne alterano l'insegnamento; coi loro turpi costumi lo uccidono.

poiché la Chiesa cristiana è stata fondata, rafforzata e ingrandita col sangue, ora, come se Cristo fosse morto lasciando i fedeli senza una protezione conforme alla sua legge, governano con la spada, e, pur essendo la guerra una cosa tanto crudele da convenire alle belve più che agli uomini, tanto pazza che anche i poeti hanno immaginato fossero le Furie a scatenarla, così rovinosa da portare con sé la totale corruzione dei costumi, tanto ingiusta da offrire ai peggiori predoni la migliore occasione di affermarsi, tanto empia da non avere nulla in comune con Cristo, tuttavia, trascurando tutto il resto, fanno solo la guerra.

Si possono vedere vecchi decrepiti che, inalberando un vigoroso spirito giovanile, non si sgomentano davanti alle spese, non cedono alle fatiche, non indietreggiano di un pollice se si trovano a mettere a soqquadro le leggi, la religione, la pace, l'intero genere umano. né mancano colti adulatori, pronti a chiamare questa evidente follia zelo, pietà, fortezza, escogitando stratagemmi che permettono d'impugnare il ferro mortale e di immergerlo nelle viscere del fratello senza venir meno a quella suprema carità che secondo il dettato di Cristo un cristiano deve al suo prossimo.

60 Una cosa, continuo a chiedermi: certi vescovi tedeschi che, andando più per le spicce, tralasciando il culto, le benedizioni e altre cerimonie del genere, si comportano addirittura da satrapi, fino a considerare una specie di debolezza, e senz'altro una vergogna per un vescovo, rendere la valorosa anima a Dio altrove che su un campo di battaglia, sono stati loro a offrire il modello di un tale comportamento, o lo hanno a loro volta imitato?

Ma ormai la massa dei sacerdoti, considerando peccaminoso venire meno alla santità di vita dei presuli, levando il grido di guerra si dà a combattere per le dovute decime con spade, frecce, sassi, e armi di ogni specie! e quale accortezza nel tirare fuori da vecchi documenti qualcosa con cui impaurire il popolino e convincerlo che il suo debito va al di là delle decime! né intanto ai sacerdoti vengono in mente i molti passi ovunque ricorrenti sui doveri che, per parte loro, essi hanno verso il popolo. Nemmeno la tonsura basta come monito: hanno dimenticato che il sacerdote, libero da tutti gli appetiti del mondo, deve pensare soltanto alle cose del cielo. Sono gente buffa: sostengono di aver fatto tutto il loro dovere quando hanno borbottato alla bell'e meglio le solite giaculatorie, e io, per Ercole, mi meraviglio che un qualche Dio le ascolti o le intenda, perché nemmeno loro sono capaci di udirle o di intenderle, pur gridandole con quanto fiato hanno in corpo.

C'è un punto, però, che i sacerdoti hanno in comune coi laici; entrambi attentissimi ad accumulare guadagni sono sempre al corrente delle vie da seguire. Se poi c'è un peso da portare, prudentemente lo scaricano sulle spalle altrui, e lo fanno passare di mano in mano, in una sorta di gioco a palla.

Come i prìncipi laici, delegano a vicari, settore per settore, le funzioni di governo, e il vicario, a sua volta, ricorre a un vicario in sottordine; così, per modestia, lasciano al popolo la cura di tutto quanto riguarda la religione. Il popolo la scarica su quelli che chiama ecclesiastici, come se per parte sua non avesse nulla a che fare con la Chiesa: pare che i voti pronunciati al battesimo non contino nulla.

A loro volta, i sacerdoti che si denominano secolari, come se appartenessero al mondo più che a Cristo, scaricano il fardello sul clero regolare; il clero regolare sui monaci; i monaci di meno stretta osservanza su quelli di osservanza più rigida; gli uni e gli altri sui mendicanti, e i mendicanti sui certosini, i soli presso cui, sepolta, si nasconde la pietà, ma così nascosta che a mala pena si può scorgerla.

Così fanno anche i pontefici: diligentissimi nel rastrellare soldi, affidano ai vescovi i gravami più strettamente apostolici; i vescovi li affidano ai parroci; i parroci ai vicari; i vicari ai frati mendicanti, che, a loro volta, li rimandano a coloro che tosano la lana delle pecore.

61 Ma io, qui, non mi propongo di passare in rassegna i costumi di pontefici e sacerdoti; non vorrei avere l'aria di comporre una satira, mentre è il mio elogio che pronuncio; né vorrei si credesse che, mentre elogio i cattivi prìncipi, io biasimi i buoni. Ho parlato brevemente di queste cose per mettere in chiaro che nessuno al mondo può vivere felicemente, se non è iniziato ai miei misteri, e se non ha me dalla sua.

Come mai, infatti, la stessa dea di Ramnunte, signora delle umane sorti, a tal punto va d'accordo con me da avere giurato eterna inimicizia a questi sapienti, mentre ai folli ha donato ogni bene anche nel sonno? Voi conoscete il famoso Timoteo, che di qui ha preso anche il soprannome, ed il proverbio: "anche dormendo piglia pesci". C'è anche l'altro detto: "la civetta vola per lui". Invece, altri sono i proverbi che si adattano ai sapienti: "nato sotto cattiva stella"; "ha il cavallo di Seio e l'oro di Tolosa". Smetto le citazioni: non vorrei avere l'aria di saccheggiare la raccolta del mio Erasmo.

Per tornare in argomento: la Fortuna ama gli imprudenti, gli audaci, quelli che adottano il motto "il dado è tratto". La saggezza, invece, rende piuttosto timidi; perciò comunemente vedete questi sapienti impegnati a combattere con la povertà, la fame, il fumo; li vedete vivere dimenticati, senza prestigio, senza simpatie: mentre gli stolti, ben forniti di soldi, raggiungono le alte cariche dello Stato e, per dirla in breve, prosperano in tutti i sensi. Infatti, se si ripone la felicità nel favore dei prìncipi, nell'entrare a far parte della cerchia di questi miei fedeli simili a Dèi ingioiellati, che c'è di più inutile della sapienza, anzi di più aborrito presso gente del genere? Se si vuole arricchire, che cosa può guadagnare un mercante attenendosi alla sapienza? Se terrà in qualche conto gli scrupoli dei sapienti sul latrocinio e l'usura, avrà ripugnanza a spergiurare; colto a mentire, arrossirà. Se si desiderano onori o benefizi ecclesiastici, un asino o un bue potrà aggiudicarseli prima del sapiente. Se è il piacere che ti muove, le fanciulle, che in questa storia hanno il posto d'onore, si danno di tutto cuore agli stolti, mentre hanno orrore del sapiente e lo fuggono come fosse uno scorpione. Infine, chiunque si ripromette una vita in qualche misura lieta, comincia con l'escludere il sapiente, tollerando piuttosto qualunque altro animale. In breve, da qualunque parte tu ti volga, presso pontefici, prìncipi, giudici, magistrati, amici, nemici, grandi e piccoli, tutto si ottiene col danaro alla mano; ma il sapiente disprezza il danaro, e perciò, di solito, da lui ci si tiene lontani con la massima cura.

62 Ed ora, benché sia impossibile esaurire il mio elogio, bisogna pure concludere il discorso. Perciò smetterò di parlare, ma non senza avere prima dimostrato in poche parole che non sono mancate grandi autorità a glorificarmi, sia con gli scritti che con le azioni; e questo perché qualcuno non sospetti scioccamente che sia io sola a compiacermi di me stessa, e perché i legulei non mi accusino di non produrre documenti. Perciò, prendendo esempio da loro, allegherò le prove senza preoccuparmi che siano pertinenti.

In primo luogo, tutti sono persuasi della verità di un notissimo proverbio: "Quando una cosa manca, ottimo sistema è fingere che ci sia". Perciò è bene cominciare con l'insegnare ai ragazzi questo verso: "Fingersi folli a tempo e luogo è somma sapienza".

Potete rendervi conto da voi di quale gran dono sia la follia, se anche la sua ombra fallace, e la sua sola imitazione, meritano dai dotti così grande lode. Con franchezza anche maggiore quel famoso "porco lucido e pingue del gregge di Epicuro" prescrive di "mescolare la follia alla saggezza", ma, aggiunge, "solo per poco": e qui si sbaglia. Dice altrove: "Bella cosa folleggiare a tempo e luogo". E ancora, in altra occasione: "Preferisce apparire pazzo e privo di iniziativa, piuttosto che mostrarsi assennato tenendosi la rabbia in corpo". Già in Omero, Telemaco, che il poeta loda sotto tutti i rapporti, è detto a più riprese privo di senno, e spesso e volentieri i tragici indicano in tal modo, quasi fosse di buon augurio, fanciulli e adolescenti. Di che ci parla il divino poema dell'ILIADE? solo delle ire di re folli e di popoli folli. E quale lode più alta del detto ciceroniano "Tutto il mondo è pieno di pazzi"? Chi, infatti, non sa che qualunque bene, a quanti più si estende, tanto più vale?

63 Ma forse per i cristiani l'autorità di costoro non ha gran peso. Perciò, se credete, possiamo poggiare, o, come dicono i dotti, fondare le nostre lodi sulle Sacre Scritture, cominciando col chiedere il permesso ai teologi. Poi, dato che un'ardua impresa ci attende, e che forse non sarebbe giusto, vista la lunghezza del viaggio, invocare di nuovo le Muse dall'Elicona – e per una cosa poi che poco le interessa – credo migliore partito, mentre faccio il teologo procedendo per uno spinoso calle, scegliere l'anima di Scoto, spinosa più di ogni istrice e porcospino, perché dalla sua Sorbona per un po' si trasferisca nel mio petto, per poi migrare dove preferisce, magari in un corvo. Volesse il cielo che potessi mutare aspetto e comparire nelle vesti del teologo! Temo invece che mi si creda colpevole di furto, come se per farmi una così bella preparazione teologica alla chetichella avessi saccheggiato i tesori dei maestri. Ma che c'è da stupirsi, se nella mia lunga e intima consuetudine con i teologi, qualcosa ho imparato? Persino Priapo, il dio di legno di fico, sentendo leggere il padrone, aveva finito col tenere a mente qualche parola greca, e il gallo di Luciano, per la lunga convivenza con gli uomini, ne conosceva a menadito il linguaggio. Torniamo in argomento. Scrive l'Ecclesiaste nel primo capitolo [I, 15]: "Infinito è il numero degli stolti". E, parlando di numero infinito, non sembra forse intendere tutti gli uomini, a eccezione di pochissimi che probabilmente nessuno ha mai visto? Con più chiarezza si esprime Geremia, quando nel capitolo decimo [X, 15] dice: "Ogni uomo è reso stolto dalla sua sapienza". Attribuisce la sapienza soltanto a Dio, e lascia la stoltezza a tutti gli uomini [X, 7 e 12]. E ancora, poco prima [9, 23]: "L'uomo non riponga nella sapienza il suo vanto". Ma perché, ottimo Geremia, non vuoi che l'uomo riponga nella sapienza il suo vanto? "perché, risponderebbe certamente, l'uomo non ha la sapienza."

Ritorniamo all'Ecclesiaste. Quando esclama [1, 2; 12, 8]: "Vanità delle vanità; tutto è vanità", che altro vuol dire, secondo voi, se non che la vita umana è tutta un gioco della follia? Con questo dava senza dubbio il suo consenso a quel detto di Cicerone, a buon diritto famoso, che abbiamo riferito poc'anzi: "Tutto il mondo è pieno di stolti". Tornando al saggio Ecclesiastico, quando diceva [27, 12]: "Lo stolto muta come la Luna; il sapiente, come il Sole, non muta", voleva dire semplicemente che tutti i mortali sono stolti, e che il titolo di sapiente spetta solo a Dio. La Luna viene identificata dagli interpreti con la natura umana, il Sole, fonte di ogni luce, con Dio. Con ciò si accorda quanto Cristo stesso nega nel Vangelo [Matteo, 19, 17]: che qualcuno possa chiamarsi buono, eccetto Dio. Se è stolto chiunque non è sapiente, e se chi è buono, stando agli Stoici, è anche sapiente, la stoltezza, di necessità, è retaggio di tutti gli uomini. Si legge ancora nel capitolo quindicesimo [21] di Salomone: "Lo stolto si bea della sua stoltezza"; e con questo chiaramente si ammette che senza la stoltezza la vita non ha nulla da offrire. Alla stessa conclusione approda il detto: "Chi più

sa, più soffre; chi più conosce, più spesso s'indigna [Eccl. 1, 18]". La stessa cosa, quell'eccelso predicatore riconosce apertamente nel capitolo settimo [5], quando dice: "Nel cuore dei sapienti il dolore; nei cuori degli stolti la gioia".

Non riteneva, infatti, che bastasse il pieno possesso della sapienza; bisognava conoscere anche me, la follia. Se poi prestate poca fede a me, leggete le parole che scrisse nel primo capitolo [17]: "Volsi il mio cuore ad apprendere la saggezza e la scienza, gli errori e la follia". E qui va notato che l'essere collocata all'ultimo posto torna a lode della follia. L'Ecclesiaste ha scritto – e sapete che questo è l'ordine ecclesiastico – che chi è primo per dignità deve occupare l'ultimo posto, il che è conforme al dettato evangelico.

Che poi la Follia è superiore alla Sapienza lo attesta chiaramente, nel capitolo 64 [4 1, 1 8], anche l'Ecclesiastico, chiunque egli sia. Ma, per Ercole, non riferirò le sue parole se prima non avrete collaborato con me in una serie di appropriate risposte, come fanno nei dialoghi di Platone gli interlocutori di Socrate. "Che cosa è più opportuno nascondere, le cose rare e preziose, o quelle comuni e dappoco?" perché tacete? Anche se cercate di non scoprirvi, parla per voi il proverbio greco che dice della brocca alla porta di casa, e sacrilego sarebbe rifiutarlo, perché lo troviamo in Aristotele, il nume dei nostri maestri. O forse qualcuno di voi è così stolto da lasciare per la strada oro e gemme? Non credo, per Ercole. Sono cose che riponete in nascondigli inaccessibili, e addirittura negli angoli più segreti di una cassaforte a tutta prova. In mezzo alla strada lasciate i

rifiuti. Perciò, se si nasconde quanto è più prezioso, mentre si lascia in vista ciò che vale meno, la sapienza che l'Ecclesiastico vieta di nascondere non sarà palesemente meno pregiata della stoltezza che comanda di nascondere? Ascoltate le sue parole testuali: "L'uomo che nasconde la sua insipienza è migliore dell'uomo che nasconde la sua sapienza" [41, 18]. Che dire dell'ingenuo candore che le Sacre Scritture attribuiscono allo stolto, di contro all'atteggiamento del sapiente che non crede nessuno suo simile? Così infatti intendo le parole del decimo [X, 3] dell'Ecclesiaste: "Ma lo stolto, quando va per la strada, essendo lui stolto, crede che tutti lo siano". E non è forse indizio di singolare candore supporre che tutti siano uguali a te e, in un mondo di presuntuosi, estendere a tutti gli altri ciò che in te c'è di buono? Perciò il gran re Salomone non si vergognò di questa qualifica quando, nel trentesimo capitolo [Prov. 30, 2], disse: "Sono il più folle degli uomini". E san Paolo, il grande dottore delle genti, scrivendo ai Corinzi [11, 23], non disdegnò la denominazione di stolto: "Parlo, dice, da dissennato: sono io il più dissennato". Come se, essere superato in fatto di follia, fosse sconveniente.

Qui mi danno sulla voce certi greculi meschini che s'ingegnano di cavare gli occhi alle cornacchie –

cioè ai teologi del nostro tempo – spargendo in giro il fumo delle loro chiose ai sacri testi (e se il mio amico Erasmo, che molto spesso ricordo a titolo di merito, non è l'alfa [il primo] della schiera, certo è il beta [il secondo]). Che razza di citazione pazzesca – dicono – proprio degna della Pazzia in persona! L'Apostolo intendeva una cosa ben diversa dai tuoi vaneggiamenti. Con le sue parole non cerca di farsi passare per più stolto degli altri; ma, avendo detto in precedenza: "Sono ministri di Cristo; e anch'io lo sono", ed essendosi così collocato, con una punta d'orgoglio, alla pari con gli altri, rettifica: "ma io lo sono anche di più", perché nel ministero del Vangelo sente di essere, non solo alla pari con gli altri Apostoli, ma un poco al disopra.

Tuttavia, volendo che l'affermazione suonasse vera, senza peraltro urtare gli ascoltatori con un eventuale sospetto di presunzione, adottò la follia come copertura, e disse "parlo da dissennato", perché sapeva che dire la verità senza offendere nessuno è privilegio dei soli pazzi.

Che cosa intendesse davvero Paolo quando scrisse a quel modo, lascio che siano loro a decidere. Io seguo i grandi teologi, grassi e grossi, e in genere molto stimati; buona parte dei dotti, per Giove, preferisce sbagliare con loro piuttosto che essere nel giusto con codesti trilingui. E nessuno tiene il parere di questi greculi da quattro soldi in maggior conto del gracchiare di un corvo, soprattutto da quando ha commentato quel passo da maestro e da teologo un illustre teologo (per prudenza ne taccio il nome, perché i nostri volatili gracchianti non si affrettino ad affibbiargli il motto greco dell'asino che suona la lira). Con le parole "parlo da dissennato, anzi io lo sono più di tutti", fa cominciare un nuovo capitolo e, con insuperabile rigore dialettico, aggiunge un nuovo capoverso, interpretando così (riporterò le sue parole, e non solo nella lettera, ma anche nel loro significato): "parlo da dissennato, cioè, se vi sembro folle mettendomi alla pari con gli pseudo-apostoli, anche più folle vi sembrerò ponendomi al disopra di loro". Purtroppo quel teologo, subito dopo, quasi dimentico di sé, cambia argomento.

64 Ma perché mi affanno tanto con questo solo esempio? Tutti riconoscono ai teologi il diritto di manipolare il cielo, ossia le Sacre Scritture, tirandole in qua e in là come un elastico, tanto è vero che in san Paolo entrano in contraddizione parole della Scrittura che nel sacro testo non sono affatto in contrasto (almeno se vogliamo prestare fede a san Girolamo, che sapeva ben cinque lingue). Così, letta per caso ad Atene la dedica di un altare, Paolo ne forzò il significato a beneficio della fede cristiana, e, tralasciando le altre parole, che avrebbero nuociuto al suo proposito, staccò dal contesto solo le ultime due: "Al Dio igno-

to", e anche queste con qualche variante. La dedica esatta era, infatti, questa: "Agli Dèi dell'Asia, dell'Europa e dell'Africa, agli Dèi ignoti e stranieri". Penso che questi figli di teologi, seguendone l'esempio, sopprimendo qua e là quattro o cinque parolette e, all'occorrenza, anche alterandole, le adattino ai loro scopi. Poco importa, poi, se le parole che precedono

o quelle che seguono non c'entrano per nulla o, addirittura, sono in contrasto. Lo fanno con una tale impudenza, che spesso i giureconsulti sono tratti a invidiare i teologi.

Che mai hanno più da temere da quando quel celebre... – a momenti mi sfuggiva il suo nome, ma di nuovo mi trattiene il proverbio greco – ha ricavato dalla parola di Luca [22, 35-36] un principio che si accorda con lo spirito di Cristo come il fuoco con l'acqua? Infatti, nell'ora dell'estremo pericolo, quando i fedeli adepti si stringono di più ai loro protettori per impegnarsi con ogni risorsa al loro fianco, Cristo, perché i suoi smettessero del tutto di confidare in questo genere di aiuti, chiese loro se mai avessero sentito la mancanza di qualche cosa, quando li aveva mandati per il mondo così poco equipaggiati da non avere né calzari contro le spine e i sassi, né bisaccia contro la fame.

Avendo essi risposto di no, che nulla era mancato, soggiunse: "Ma ora chi ha una borsa la prenda, e altrettanto faccia con la bisaccia, e chi non ne ha venda la sua tunica e compri una spada". Ora, dato che tutta la dottrina di Cristo predica solo mansuetudine, tolleranza, disprezzo del mondo, non è chi non intenda il giusto significato di questo passo. Il proposito è di rendere i legati di Cristo anche più inermi; non solo senza calzari e senza bisaccia, ma anche senza tunica, nudi e liberi di tutto, affrontino la loro missione evangelica. Non si procurino nulla, se non la spada, non quella, però, di cui si servono predoni e parricidi per i loro misfatti, ma la spada dello spirito, che penetra nel fondo del cuore, che taglia via una volta per sempre tutte le passioni, sì che nulla vi resti, salvo la pietà.

Orbene, state un po' a vedere a quale senso riesce a piegare questo passo il nostro famoso teologo.

Secondo lui la spada è la difesa contro i persecutori, il sacchetto, una sufficiente provvista di viveri; come se Cristo, ritenendo di aver mandato per il mondo i suoi missionari senza provvederli di mezzi adeguati, cambiando parere ritrattasse quanto ha predicato in precedenza. O dimenticasse quanto aveva detto, che sarebbero stati felici nel dolore, fatti segno a ingiurie e supplizi, non rendendo male

per male, perché beati sono i mansueti, non i violenti; se, dimenticando di averli esortati a seguire l'esempio dei passeri e dei gigli, non li volesse più vedere partire senza la spada. La comprino, a costo di vendere la tunica; meglio nudi che disarmati! Il commentatore ritiene inoltre che il termine spada indichi tutto ciò che può servire come arma di difesa, e che il termine bisaccia abbracci quanto concerne i bisogni vitali. Così l'interprete del pensiero divino fa predicare il Cristo in croce da Apostoli armati di lance, balestre, fionde e bombarde. Li carica di valigie, sacche e bagagli vari perché non abbiano mai a mettersi in viaggio senza avere debitamente pranzato. né il brav'uomo è turbato neppure dal fatto che Cristo ingiunge di rimettere subito nel fodero quella spada che aveva ordinato di comprare a così caro prezzo, e che mai, per quel che se ne sa, gli Apostoli hanno fronteggiato con spade e scudi la violenza dei pagani, come avrebbero fatto se il pensiero di Cristo fosse stato conforme a questa interpretazione. C'è poi un altro, e non certo l'ultimo venuto (per deferenza non ne faccio il nome) che, basandosi sul riferimento di Abacuc [3, 7] alle tende di Madian – "le pelli del paese di Madian saranno messe sossopra" – ne ricava un'allusione alla pelle di san Bartolomeo scorticato.

Di recente partecipai io stessa a una discussione teologica; lo faccio spesso. poiché uno dei presenti chiedeva in che conto si doveva tenere il precetto delle Sacre Scritture secondo cui gli eretici vanno arsi sul rogo piuttosto che non persuasi attraverso la discussione, un vecchio dall'aspetto severo, teologo anche nel piglio, rispose molto indignato che la legge risaliva all'apostolo Paolo che disse [A TITO, 3, 10]: "Dopo aver tentato ripetutamente di mettere l'eretico sulla buona strada, evitalo". E più volte tornava a dire quelle parole, mentre erano in parecchi a chiedersi che cosa mai gli succedeva. Finì con lo spiegare che bisognava togliere DALLA VITA (E VITA) l'eretico. Ci fu chi rise, ma ci fu anche chi ritenne l'interpretazione ineccepibile dal punto di vista teologico, e poiché qualcuno continuava a protestare, intervenne un avvocato cosiddetto di Tenedo, un'autorità irrefragabile: "State a sentire, disse. La Scrittura dice: non lasciar vivere l'uomo malefico. Ma ogni eretico è malefico, quindi...". Tutti i presenti ammirarono la soluzione ingegnosa, e vi aderirono battendo forte i piedi calzati di stivali. A nessuno venne in mente che quella legge riguardava incantatori e maghi, detti in lingua ebraica "malefici". Altrimenti la pena di morte dovrebbe estendersi alla fornicazione e all'ubriachezza.

65 Sono una sciocca a volermi dilungare su queste cose, così numerose che neanche tutti i volumi di Crisippo e di Didimo basterebbero a contenerle. Volevo solo farvi presente che, se tanto è stato concesso a quei maestri di primissima grandezza, è giusto usare qualche indulgenza a me, teologa di ben poco conto, se le mie citazioni non sono del tutto esatte.

E ora, tornando finalmente a Paolo, parlando di sé dice: "Voi sopportate di buon grado i folli" [2 Cor., 11, 19]. E ancora: "Accettatemi come un folle". E poi: "Non parlo ispirato da Dio, ma quasi come un folle". E altrove, di nuovo: "Siamo folli a cagione di Cristo". Avete sentito quali elogi della follia e da quale pulpito! E che diremo di quel suo raccomandare la stoltezza quale fonte per eccellenza necessaria in vista della salvezza? "Chi di voi sembra sapiente, divenga stolto per essere sapiente".

In Luca [34, 25] Gesù chiama "stolti" i due discepoli cui si era accompagnato per la strada. Non so se ci si debba meravigliare, visto che allo stesso Dio, San Paolo attribuisce un pizzico di follia, dicendo: "La follia di Dio è più saggia del senno degli uomini". [Primo Cor., 1, 25]. Origene, per certo, contesta che questa follia sia suscettibile di essere tradotta in termini umani, come nell'altro esempio: "La parola della croce è follia per gli uomini che si perdono" [Primo Cor., 1, 18].

Ma perché mai insisto nel sostenere tutto questo con tante testimonianze? Non ce n'è bisogno, se nei mistici salmi [68, 6] Cristo stesso dice al Padre: "Tu conosci la mia follia". E non per caso i folli sono sempre stati tanto cari al Signore. Per la stessa ragione, credo, per cui i sovrani guardano con diffidente antipatia le persone troppo intelligenti. Così accadeva a Cesare con Bruto e Cassio – mentre di quell'ubriacone di Antonio non aveva alcun timore; così accadeva a Nerone con Seneca e a Dionigi con Platone; mentre si trovavano bene con gli uomini privi di acume.

Allo stesso modo Cristo costantemente detesta e condanna quei sapienti che hanno fiducia nella propria saggezza.

Lo attesta chiaramente san Paolo quando dice: "Dio sceglie ciò che il mondo considera stolto", e che "Dio aveva voluto salvare il mondo attraverso la stoltezza", perché attraverso la saggezza non era possibile [Primo Cor., 1]. Dio stesso lo rivela con sufficiente chiarezza quando esclama per bocca del profeta: "Manderò in fumo la sapienza dei sapienti e condannerò la saggezza dei saggi".

E ancora quando Gesù lo ringrazia perché aveva rivelato ai piccoli, cioè agli stolti, il mistero della salvezza che aveva celato ai sapienti. In greco, infatti, il termine per indicare i bambini è infanti (népioi) in contrapposizione ai sapienti (sofòis). Nello stesso senso vanno intesi certi motivi ricorrenti nel Vangelo; Gesù che fieramente si leva contro farisei, scribi e dottori e, viceversa, la sollecita protezione che accorda al volgo ignorante. Che altro vogliono infatti dire le parole: "Guai a voi, scribi e farisei", se non "Guai a voi, sapienti" [Matteo, 23, 13-27; Luca, 11, 42-43]. Invece il suo rapporto con bambini, donne, pescatori, pare fosse improntato a perfetta letizia.

Anche fra le bestie Cristo predilige le più lontane dall'astuzia della volpe. Perciò preferì cavalcare un asino, anche se, volendo, avrebbe potuto senza rischio cavalcare un leone. Così lo Spirito Santo è sceso dal cielo in sembianza di colomba, non di aquila o di sparviero. Inoltre, nelle Sacre Scritture, si ricordano un po' dappertutto cervi, capretti, agnelli.

Aggiungasi che Gesù chiama pecore i suoi discepoli destinati a vivere in eterno. né c'è animale più stupido di questo, stando anche al detto aristotelico "indole di pecora" che, come Aristotele avverte, tratto dalla stupidità di quell'animale, di solito si applica a titolo ingiurioso agli stupidi e tardi. Tuttavia Cristo si professa pastore di questo gregge; anzi egli stesso si compiacque di chiamarsi agnello, e Giovanni Battista lo indicò con questo nome: "Ecco l'agnello di Dio", denominazione che ricorre spesso anche nell'Apocalisse.

Di qui una clamorosa conclusione: i mortali, anche quelli che coltivano sentimenti di pietà, sono stolti. Lo stesso Cristo, per venire in aiuto all'umana sapienza, lui che è la sapienza del Padre, si è fatto in qualche modo stolto, quando, vestite le umane spoglie, si è presentato con sembiante di uomo. Come si è fatto anche peccato per risanarci dai peccati. né volle porvi altro rimedio se non la follia della Croce, valendosi di Apostoli rozzi e ignoranti, cui ebbe cura di predicare come ottima condizione la stoltezza distogliendoli dalla sapienza quando li esorta a seguire l'esempio dei bambini, dei gigli, del grano di senape, dei passerotti, esseri del tutto privi d'intelligenza, che vivono solo affidandosi alla natura, senza artifici, senza affanni; e quando proibisce loro di preoccuparsi della linea da tenere davanti ai giudici e di stare all'erta per cogliere i momenti opportuni: non devono cioè confidare nella propria saggezza, ma mettersi totalmente nelle sue mani.

Allo stesso principio s'ispira Dio, architetto del mondo, quando proibisce di assaggiare il frutto dell'albero della sapienza, quasi che la scienza fosse il veleno della felicità. San Paolo, d'altra parte, condanna la scienza apertamente come fonte di presunzione e di rovina. E credo che san Bernardo si richiamasse a lui identificando il monte che Lucifero aveva scelto per sua sede col monte della scienza.

Forse c'è anche un altro argomento che non dovrei tralasciare: la stoltezza trova grazia presso gli Dèi; al sapiente non si perdona, tanto è vero che chi implora il perdono, anche se ha peccato con cognizione di causa, adduce a pretesto la stoltezza e di essa si fa usbergo. Così infatti, se la memoria non mi tradisce, nei NUMERI [12, 11] Aronne cerca di stornare dalla moglie la punizione del Signore: "Ti prego, Signore, non giudicarci colpevoli: abbiamo peccato per mancanza di discernimento". E anche Saul di fronte a David si discolpa così: "È chiaro, dice, che ho agito da sciocco". E David, a sua volta, cerca di propiziarsi il Signore con queste parole: "Ti prego, Signore, non accusare il tuo servo d'iniquità; ho agito da sciocco", come se non potesse ottenere il perdono se non appellandosi alla sua stoltezza e alla sua insipienza. Prova di eccezionale efficacia, Cristo in croce, quando pregò per i suoi nemici, portò come unica scusa l'ignoranza: "Padre, perdona loro perché non sanno quello che fanno" [Luca 23, 24]. Nello stesso senso Paolo scriveva a Timoteo: "Ho ottenuto la misericordia divina perché nella mia incredulità ho

agito per ignoranza" [Primo Tim. 1, 13]. Che vuol dire "ho agito da ignorante", se non che aveva agito per stoltezza, non per malizia? Che significa "perciò ho ottenuto misericordia", se non che non l'avrebbe ottenuta se la sua stoltezza non avesse deposto in suo favore? Fa al caso nostro il mistico salmista che non mi è venuto in mente al momento giusto: "Non ricordare le colpe della mia gioventù e le mie ignoranze" [PS. 24, 7]. Come avete sentito, adduce due argomenti: la giovane età – a cui sempre io, la Follia, mi accompagno – e le "ignoranze", ricordate al plurale per fare intendere la grande forza della follia.

66 Per non dilungarmi all'infinito cercherò di riassumere per sommi capi. Se la religione cristiana sembra avere qualche parentela con la follia, con la sapienza non ha proprio nulla a che fare. Desiderate averne una prova? Guardate in primo luogo al fatto che bambini, vecchi, donne e anime semplici godono più degli altri delle funzioni religiose, e perciò, per puro istinto, sono sempre i più vicini agli altari. Vedete inoltre che i primi fondatori della religione, con mirabile slancio, scelsero le vie della semplicità, mentre furono nemici acerrimi delle lettere.

Infine non c'è pazzo che sembri più pazzo di coloro che una volta per sempre siano stati conquistati in pieno dal fuoco della carità cristiana: a tal punto sono prodighi dei loro beni, trascurano le offese, tollerano gli inganni, non fanno distinzione tra amici e nemici, hanno orrore del piacere; digiuni, veglie, lacrime, fatiche, ingiurie, sono il loro nutrimento; per nulla attaccati alla vita, desiderano solo la morte; per dirla in breve, sembrano affatto insensibili alle esigenze del senso comune, come se il loro animo vivesse altrove, e non nel loro corpo. E che altro è questo se non follia? Non dobbiamo dunque meravigliarci se gli Apostoli sembrarono ubriachi di vino dolce, se Paolo sembrò pazzo al giudice Festo. Comunque, visto che una volta tanto ho vestito la pelle del leone, andrò più in là mettendo in chiaro un'altra cosa: quella beatitudine che i cristiani cercano di conquistare a così caro prezzo, altro non è se non una forma di follia e di stoltezza. Non badate alle parole: non c'è intenzione d'offesa; considerate piuttosto i fatti. C'è in primo luogo un punto di contatto fra cristiani e platonici: entrambi ritengono che l'anima, irretita nei vincoli del corpo, trovi nella sua materia un impedimento alla contemplazione e alla fruizione del vero. Perciò Platone definisce la filosofia una meditazione sulla morte, perché, a somiglianza della morte, distoglie la mente dalle cose visibili e corporee. Perciò, finché l'anima fa buon uso degli organi del corpo, viene detta sana; ma quando, spezzati i vincoli, tenta d'affermarsi in piena libertà, e viene quasi meditando una fuga dal carcere corporeo, allora si parla di follia. Se per caso la cosa accade per malattia, per una qualche affezione organica, allora è pazzia conclamata.

Tuttavia vediamo che anche uomini di questa specie predicono il futuro, sanno lingue e lettere che non hanno mai appreso in passato, ostentano qualcosa che appartiene decisamente all'ambito del divino.

Non c'è dubbio: questo accade perché la mente, libera in parte dall'influenza del corpo, comincia a sprigionare la sua forza nativa. Credo che per la stessa ragione qualcosa di simile accada nel travaglio della morte imminente: gli agonizzanti, come ispirati, parlano un linguaggio profetico.

Se ciò accade nell'ardore della fede, si tratta forse di un altro genere di follia, ma così vicina alla ordinaria follia che molta gente la giudica pazzia pura, e tanto più in quanto riguarda un pugno di disgraziati che in tutto il modo di vivere si scostano dal resto dell'umano consorzio.

Qui, di solito, credo si verifichi il caso del mito platonico: di quelli che incatenati in fondo alla caverna vedono l'ombra delle cose, e del prigioniero che, fuggito di là, tornando poi nell'antro afferma di avere contemplato le cose reali, e che loro s'ingannano di molto, convinti come sono che nient'altro esista se non delle misere ombre. Il saggio compiange e deplora la follia di coloro che sono irretiti in così grave errore; ma quelli, a loro volta, ridono di lui come se delirasse e lo cacciano via. Allo stesso modo il volgo ammira soprattutto le cose in cui la materia prevale, e quasi crede che siano le sole ad esistere.

Chi pratica la religione, invece, quanto più una cosa è attinente al corpo tanto più la trascura ed è tutto preso dalla contemplazione dell'invisibile. Gli uni mettono al primo posto le ricchezze, al secondo le comodità relative al corpo, all'ultimo l'anima: che, dopo tutto, i più neanche credono esista perché l'occhio non può scorgerla.

Gli altri, invece, in primo luogo tendono con tutte le loro forze a Dio, il più semplice degli esseri; in secondo luogo a qualcosa che ancora resta nella sua cerchia: ossia all'anima, che più di tutto è vicina a Dio; trascurano la cura del corpo, disprezzano le ricchezze e ne rifuggono come da cosa immonda. Se poi non possono esimersi dall'occuparsene, ne sentono il peso e la noia; hanno, ed è come se non avessero; posseggono, ed è come se non possedessero. Nei singoli casi ci sono anche molte altre differenze di gradazione. Prima di tutto, benché tutti i sensi abbiano un legame col corpo, alcuni sono più corpulenti, come il tatto, l'udito, la vista, l'olfatto, il gusto; altri più distaccati dal corpo, come la memoria, l'intelletto, la volontà.

Dato che la potenza dell'anima risulta maggiore là dove concentra il suo sforzo, le persone religiose, poiché tutta la forza dell'animo loro si volge alle cose lontane per eccellenza dai sensi più corposi, subiscono in questi una sorta di ottundimento. Il volgo, invece, in essi raggiunge il massimo della potenza, il minimo negli altri. Si spiega così ciò che raccontano sia accaduto a certi Santi, di bere olio invece di vino.

E anche fra le passioni dell'anima alcune sono più legate agli aspetti carnali del corpo, come l'impulso sessuale, il bisogno di cibo e di sonno, l'ira, la superbia, l'invidia: chi coltiva sentimenti di pietà le respinge senza remissione; il volgo, al contrario, ne fa la fondamentale ragione di vita. Vi sono poi dei sentimenti intermedi, quasi naturali, come l'amore di patria, l'affetto per i figli, per i genitori, per gli amici. Il volgo ne riconosce in qualche misura l'importanza, ma quanti vivono secondo pietà cercano di sradicare dall'animo anche questi, a meno che non raggiungano quel supremo livello spirituale per cui si ama il padre, non in quanto padre – che ha generato, infatti, se non il corpo? e, alla fine, anche questo è opera di Dio padre – ma in quanto è buono e porta in sé il lume di quella Mente che sola chiamano sommo bene, e al di fuori della quale sostengono che nulla merita di essere amato o desiderato.

Con questo medesimo criterio giudicano di tutti i doveri: tutto ciò che è visibile, se non è da disprezzarsi senz'altro, va tenuto in molto minor conto dell'invisibile. Dicono che anche nei sacramenti e nelle pratiche religiose si possono distinguere corpo e spirito. Per esempio, nel digiuno non fanno gran conto dell'astinenza dalla carne e dal pasto, che il volgo considera invece digiuno stretto; bisogna che intervenga anche un controllo delle passioni, che si conceda meno del solito ai moti d'ira o di superbia, perché lo spirito già meno gravato dal corpo si innalzi al godimento dei beni celesti. Altrettanto dicasi della Eucaristia. Benché non vada sottovalutato l'aspetto cerimoniale, questo per se stesso giova poco, o addirittura è pernicioso in mancanza dell'elemento spirituale, cioè del contenuto rappresentato da quei segni visibili. Si rappresenta la morte di Cristo; i mortali devono parteciparvi come attori vincendo, sopprimendo, starei per dire seppellendo, le passioni corporee per risorgere a nuova vita, per fare, in totale comunione fra loro, tutt'uno con lui.

Queste le azioni, questi i pensieri dell'uomo di fede. Il volgo, al contrario, crede che il sacrificio sia tutto nello stare quanto più è possibile accanto agli altari, ascoltando il rumore delle parole e badando ad altre quisquilie relative al rito.

Quanto al pio, non solo nelle cose che abbiamo portato a esempio, ma in ogni occasione, rifugge da ciò che è legato al corpo, tutto preso dall'eterno, dall'invisibile, dalla realtà spirituale. Perciò, dato il loro radicale disaccordo su tutto, accade che uomini di pietà e volgo a vicenda si prendano per matti.

Ma, secondo me, l'appellativo si addice piuttosto alla gente pia che non al volgo. E ciò risulterà più chiaro se, come ho promesso, dimostrerò in poche parole che quel sommo premio altro non è se non una forma di follia.

67 Considerate in primo luogo che qualcosa di simile già vagheggiò Platone quando scrisse che il delirio degli amanti è il più felice di tutti. Infatti chi ama ardentemente non vive in se stesso, ma in colui che ama, e quanto più si allontana da sé e si trasferisce in lui tanto più gode. E quando l'animo si propone di uscire dal corpo e non usa debitamente dei suoi organi, a buon diritto senza dubbio si può parlare di delirio. Altrimenti che cosa vogliono dire le comuni espressioni: "non è in sé", o anche "torna in te stesso", e "è tornato in se stesso"?

D'altra parte quanto più è perfetto l'amore, tanto più è grande, tanto più beato il delirio. Quale sarà dunque quella vita celeste che fa tanto sospirare le anime pie? Lo spirito, che è il più forte, sarà vittorioso, e assorbirà il corpo tanto più facilmente perché già in vita lo avrà mortificato e indebolito in vista di una simile trasformazione. Poi sarà a sua volta mirabilmente assorbito da quella somma Mente la cui potenza è infinitamente superiore. A questo punto l'uomo sarà interamente fuori di sé, e solo per questo felice, perché, essendo fuori di sé, subirà non so quale ineffabile influsso di quel sommo Bene che tutto trae a sé.

Anche se questa felicità sarà perfetta solo quando le anime, ripresa l'antica veste corporea, riceveranno il dono dell'immortalità, gli uomini pii, dato che la loro vita è tutta una meditazione di quella vita immortale, e quasi una sua immagine, possono talvolta pregustare qualcosa, una sorta di anticipazione di quel premio.

Si tratta di una goccia da niente in confronto a quella fontana di eterna felicità, ma che vale molto di più di tutti i piaceri corporei, anche se potessimo farli convergere tutti in un punto solo. A tal punto la sfera dello spirito è superiore al corpo, e quella dell'invisibile al visibile. Questa certo è la promessa del Profeta: "l'occhio non vide, l'orecchio non udì, non penetrarono nel cuore dell'uomo le cose che Dio ha preparato per coloro che lo amano". Questa è la parte della follia che il passaggio da una vita all'altra non toglie, ma porta a perfezione. Quelli che hanno potuto parteciparne – pochissimi invero – sono còlti da un turbamento che alla follia è vicinissimo; fanno discorsi incoerenti, proferendo parole strane e senza senso; e poi, all'improvviso, mutano completamente d'espressione. Ora alacri, ora depressi; ora piangono, ora ridono, ora sospirano; insomma sono davvero del tutto fuori di sé. Appena rientrano in se stessi dicono di non sapere dove sono stati, se nel corpo o fuori del corpo; di ignorare se erano svegli o addormentati; di non sapere che cosa hanno udito, che cosa hanno detto, che cosa hanno fatto; hanno solo dei ricordi che sembrano filtrare attraverso il velo della nebbia o del sogno. Una sola cosa sanno: di essere stati al colmo della beatitudine quando erano in quello stato. Perciò piangono per essere tornati in senno, e soprattutto desiderano di essere in eterno in preda a quel genere di follia. Hanno appena pregustato la felicità futura!

68 Dimentica di me stessa, ho passato da un pezzo i limiti. Tuttavia, se vi pare che il discorso abbia peccato di petulanza e prolissità, pensate che chi parla è la Follia, e che è donna. Ricordate però il detto greco: "spesso anche un pazzo parla a proposito"; a meno che non riteniate che il proverbio non possa estendersi alle donne. Vedo che aspettate una conclusione:

ma siete proprio scemi, se credete che dopo essermi abbandonata ad un simile profluvio di chiacchiere, io mi ricordi ancora di ciò che ho detto. Un vecchio proverbio dice: "Odio il convitato che ha buona memoria". Oggi ce n'è un altro: "Odio l'ascoltatore che ricorda".

Perciò addio!
Applaudite, bevete, vivete,
famosissimi iniziati alla Follia. Follia.